Alfons Schuhbeck • Francis Ray Hoff

Fingerfood

Alfons Schuhbeck

Finger-food

Die Lust, aus der Hand zu essen

Fotografien von Francis Ray Hoff

KOMET

Für die fachlich kulinarische Unterstützung
bei der Abfassung der Rezepte
danke ich Jürgen Langenbacher und
Heinz Seyr in kollegialer Verbundenheit.

Lizenzausgabe für Komet Verlag GmbH, Köln
Gesamtherstellung: Komet Verlag GmbH, Köln
Besuchen Sie uns im Internet: www.komet-verlag.de

ISBN 3-89836-270-1

Inhalt

Vorwort

Alfons Schuhbeck hat sein Handwerk von der Pike auf gelernt; in international renommierten Häusern hat er bei Weltklasseköchen erarbeitet, womit er seit der Übernahme des elterlichen Betriebs im Kurhausstüberl am Waginger See seine Gäste aus Nah und Fern in staunende Bewunderung versetzt. Phantasie und Abwechslungsreichtum gepaart mit Perfektion und Liebe zum Beruf lassen jeden Besuch bei ihm und seiner Mannschaft zu einem neuen Erlebnis werden. Alles stimmt auf dieser kulinarischen Bühne vor und hinter den Kulissen, strahlt aus auf die Stimmung der Gäste, spiegelt sich in den verzückten Gesichtern der am Geschehen so hautnah beteiligten Genießer. Erholsame Feiertagsstimmung in traumhaftem Ambiente breitet sich aus.

»Ohne Messer und Gabel« ebnet den Weg vom lukullischen Olymp in den Alltag, zeigt, daß dieser nicht grau sein muß. Ob mittägliche Pausen zwischen mühsam-zähen Sitzungen, überfallartige Besuche, die Sitzkapazität um den Eßtisch sprengende Einladungen oder einfach nur kulinarischer Genuß ohne das böse Erwachen vor einem Berg von Geschirr und Bestecken – Anlässe der Lust zu frönen, aus der Hand zu essen, gibt es in Hülle und Fülle. Schuhbeck zeigt, daß die ganze Vielfalt regionaler und internationaler Küche auf unkomplizierteste Art genossen werden kann: Geeiste Gurkensuppe oder raffiniert-einfache Kartoffelsuppe aus der Tasse geschlürft, gefüllte Zucchiniblüten oder gegarte Wirsinglaiberl für vegetarische Grünschnäbel, Fischfilet in Weinteig oder Zanderfilet und Kräutergraupen auf krosser Zanderhaut für Petrijünger – die Möglichkeiten scheinen grenzenlos! Strammer Max mit Wachtelei oder Entenbrust auf Brezenknödelscheiben, Pies, Strudel, alle möglichen Koteletts, alles immer für 12 Personen mit Rezepturen, die mit ihrer Klarheit Gelingen und entsprechenden Genuß garantieren. Passende Saucen und Dips fehlen ebenso wenig wie raffinierte Süßspeisen und Desserts wie den Waginger Käsekuchen oder die Erdbeerschiffchen. Zusätzliche Tips aus des Meisters Erfahrungsschatz geben vielen Rezepten noch einen besonderen Pfiff bzw. zeigen phantasievolle Varianten auf.

Jeder Feinschmecker weiß, wie sehr das Auge mitißt. Francis Ray Hoff arbeitet als Fotograf in London und München. Er kennt Schuhbeck von der Arbeit an den kulinarischen Kalendern, die die beiden seit einigen Jahren herausbringen. Präzision und Detailtreue geben den Fotos eine dreidimensionale Ausstrahlung, die dem Betrachter unwillkürlich das Wasser im Munde zusammenlaufen läßt. Besondere Authenzität verleiht den Fotos die Tatsache, daß die Abbildungen die Gerichte in ihrer Originalgröße zeigen.

Unwillkürlich kommt der Betrachter in die Versuchung, danach zu greifen und mit Lust aus der Hand zu essen. Wenn dem so ist, freuen sich

Alfons Schuhbeck und *Francis Ray Hoff*

Für Grünschnäbel Gemüse gefüllt, gewickelt und blanchiert

Gefüllte Zucchiniblüten

24 Zucchiniblüten
300 g Zanderfilet
300 g Hechtfilet
Salz
2 Eier
500 g Schlagsahne
Pfeffer aus der Mühle
Muskat, Cayennepfeffer
2–3 EL geschlagene Sahne
½ Knoblauchzehe
1 Stengel Basilikum
50 g Butter

Zucchiniblüten vorsichtig waschen und auf Küchenkrepp abtropfen lassen. Zander- und Hechtfilet würfeln, salzen und kaltstellen.

Gut gekühlte Fischwürfel im Mixer pürieren und durch ein Sieb streichen. Mit Eiern und Sahne noch einmal kräftig aufmixen. Fischfarce mit Salz, Pfeffer, Muskat und Cayennepfeffer abschmecken. Steif geschlagene Sahne unterheben.

¼ Liter Salzwasser, zerdrückten Knoblauch und Basilikum aufkochen. Einen passenden Dämpfeinsatz oder ein Gitter hineinlegen.

Fischfarce in einen Spritzbeutel mit größerer Lochtülle füllen. Die Farce in die Blüten spritzen und die Blütenblätter über der Füllung zusammenlegen.

Blüten nebeneinander auf das Gitter legen und mit Butterflöckchen besetzen. Portionsweise im geschlossenen Topf 5–6 Minuten garen.

Die Zucchiniblüten abtropfen lassen und servieren.

Alfons Schuhbeck

So zubereitet sind die gefüllten Blüten ideal für alle Figurbewußten. Ich mag's lieber paniert in heißem Öl ausgebacken und nehme dafür einige Kalorien mehr in Kauf.

Gefüllte Mini-Kürbisse

24 gelbe und grüne Minikürbisse (Pattisons)
150 g Kartoffelpüree
1 EL feingehackte, gemischte Kräuter (Kerbel, Petersilie, Schnittlauch)
150 g Wirsingpüree
30 g ausgelassene Speckwürfel
200 g gemischte gedünstete Gemüsewürfel (Kohlrabi, Zucchini, Karotten, Sellerie)
einige gehackte Thymianblätter
Salz, Pfeffer aus der Mühle
Butter

Die Minikürbisse etwas putzen, in leicht gesalzenem Wasser einige Minuten blanchieren, in Eiswasser kurz abschrecken und gut abtropfen lassen. Oben einen Deckel abschneiden, mit einem kleinen Löffel das Innere aushöhlen und die Kürbisse mit Salz und Pfeffer würzen.

8 Stück mit Kartoffel-Kräuter-Püree, 8 Stück mit Wirsingpüree mit Speck und die restlichen mit Gemüseragout und einigen Thymianblättern vermischt füllen. Die Deckel aufsetzen auf ein gebuttertes Backblech setzen. Bei 130 Grad für 10 Minuten in den Backofen schieben und danach sofort servieren.

Alfons Schuhbeck

Leider ist es bei uns noch schwierig, die kleinen Pattisons zu bekommen, dabei schmecken sie köstlich – nicht nur gefüllt, sondern auch geschmort als Gemüsebeilage!
Man kann die Kürbisse auch nur mit einer der angegebenen Massen füllen.

Gefüllte Tomaten

24 kleine Tomaten
500 g gekochtes Rindfleisch
1 rote Paprika
1 gelbe Paprika
1 weiße Zwiebel
1 kleine Essiggurke
3–4 EL Rotweinessig
1 EL Balsamessig
1 EL Olivenöl
6 EL neutrales Öl
etwas Tabasco
etwas Brühe
Salz, Pfeffer

Tomaten waschen, Stengelansätze entfernen, kurz blanchieren, in Eiswasser abschrecken und die Haut abziehen. Am oberen Viertel einen Deckel abschneiden und mit einem kleinen Löffel das Kerngehäuse aushöhlen.

Rindfleisch in gleich große Streifen oder Würfel schneiden, Paprika waschen, halbieren, Stengelansätze und Kerne entfernen und die Hälften in feine Streifen schneiden, dann zum Rindfleisch geben.

Zwiebel schälen und fein würfeln oder in feine Streifen schneiden, ebenso die Essiggurke, und mit dem Rindfleischsalat vermischen.

Aus Essig, Balsamico, Olivenöl, Salatöl und etwas Tabasco und Brühe eine Marinade herstellen, die Salatzutaten damit anmachen, abschmecken und etwas ziehen lassen. In die ausgehöhlten Tomaten füllen und servieren.

Krautwickerl

12 große Weißkrautblätter
300 ml Brühe
300 g Kalbs- und Rinderhack
1 Ei
1 kleine feingehackte Zwiebel
1 EL frisch gehackte Petersilie
40 g in 3–4 EL Milch eingeweichtes Weißbrot oder Semmeln
Salz, Pfeffer aus der Mühle
1 EL frisch gehackte Majoranblätter
etwas Cayennepfeffer
12 Holzspieße
2 EL Öl
30 g in Würfel geschnittener geräucherter Speck
¼ l Tomatensauce

Die abgelösten Blätter in kochendem Salzwasser kurz blanchieren und in Eiswasser abschrecken.

Aus den angegebenen Zutaten einen Fleischteig zubereiten und mit Salz, Pfeffer, Majoran und etwas Cayennepfeffer herzhaft würzen.

Die Krautblätter am Strunk halbieren, auf einem Tuch ausbreiten und die Füllmasse auflegen. Von beiden Seiten leicht einschlagen und einrollen, mit Holzspießen das eingeschlagene Ende unten befestigen.

Etwas Öl in eine Reine geben, den geräucherten Speck darin anschwitzen und mit der Brühe ablöschen. Die Krautwickerl einschichten und das Ganze etwa 50 Minuten bei 165–175 Grad schmoren.

Mit Tomatensauce servieren.

Alfons Schuhbeck

Man kann die Krautwickerl warm mit Tomatensauce servieren. Sie schmecken aber auch kalt, in 2 Zentimeter breite Scheiben geschnitten, auf kleinen runden Brotscheiben.

Gefüllte Artischockenböden

24 kleine Artischockenböden aus der Lake

Für die 1. Fülle:

1 EL Butter
½ in Rauten geschnittener Kohlrabi
1 in Rauten geschnittener Stangensellerie
1 in Rauten geschnittene Karotte
1 in Rauten geschnittene Petersilienwurzel
1 TL feingehackte gemischte Kräuter

Die Butter in einem Topf erhitzen und das kleingeschnittene Gemüse darin anschwitzen. Im eigenen Saft bißfest dünsten. Mit Salz und Pfeffer würzen und am Schluß die Kräuter untermischen. Mit dieser Fülle weitere 8 Artischockenböden füllen.

Für die 2. Fülle:

200 g gekochte kleine Linsen
50 g gemischte Gemüsewürfel (Karotte, Lauch, Sellerie)
2 EL Essig
etwas Brühe
3 EL neutrales Öl
1 Prise Zucker
Salz, Pfeffer aus der Mühle
1 EL geröstete Speckwürfel

Gekochte Linsen mit Gemüsewürfeln mischen, mit Essig, Brühe, Öl, etwas Zucker, Salz und Pfeffer gut abschmecken, Speckwürfel untermischen und die restlichen Artischockenböden damit füllen.

Für die 3. Fülle:

1 Zucchino in Würfeln
½ rote Paprika in Würfeln
½ gelbe Paprika in Würfeln
3 Stangen gekochter weißer Spargel in Stücken à 3 cm
2–3 gehackte Basilikumblätter
etwas Olivenöl

Zucchini-, Paprikawürfel und Spargelstücke in etwas Olivenöl anschwitzen. Gut abschmecken mit Salz, Pfeffer und etwas Basilikum und 8 Artischokkenböden damit füllen.

Alle gefüllten Böden entweder kalt oder – besser – lauwarm servieren.

Alfons Schuhbeck

Man kann auch nur eine der Füllungen verwenden.

Gemüse gefüllt,
gewickelt und blanchiert

Gemüse gefüllt,
gewickelt und blanchiert

Gefüllte Gurken

2 möglichst gerade Salatgurken
1 Zwiebel
1 Knoblauchzehe
etwas Öl zum Braten
2 Semmeln
500 g gemischtes Kalb- und Rinderhack
1 EL scharfer Senf
1 EL feingehackte Petersilie
1 Ei
50 ml Kalbsjus
Salz, Pfeffer aus der Mühle, Cayennepfeffer

Gurken, Zwiebel und Knoblauch schälen, Zwiebel und Knoblauch feinhacken.

Zwiebel und Knoblauch in etwas Öl anschwitzen, Semmel in etwas lauwarmem Wasser einweichen, gut ausdrücken und kleinzupfen.

Das Hackfleisch mit Semmel, Zwiebel, Knoblauch, Petersilie, Senf, Kalbsjus, Ei, Cayenne gut anmachen und mit Salz und Pfeffer abschmecken.

Die geschälte Salatgurke der Länge nach halbieren, das Kerngehäuse mit einem Löffel herausschaben, mit der Füllmasse füllen und in 3–4 Zentimeter lange Stücke schneiden. In eine ausgebutterte Bratreine geben und im vorgeheizten Backofen bei 165 Grad etwa 15 Minuten garen, dabei mit etwas Wasser begießen.

Alfons Schuhbeck

Nehmen Sie, wenn möglich, aromatische Gärtnergurken für dieses Gericht, das übrigens warm und kalt gleichermaßen gut schmeckt.

Blanchiertes Gemüse

1 Bund Minikarotten mit Grün
1 Bund weiße Rübchen mit Grün
6 rote Bete mit Grün
1 Bund Lauchzwiebeln
200 g grüne Bohnen
200 g junge Erbsenschoten
500 g weißer Spargel in dünnen Stangen
Salz, Pfeffer
Zucker
etwas Butter

Die Karotten, Rüben und rote Bete gut putzen, das Grün bis auf 2 Zentimeter abschneiden, dünn schälen. In leicht gesalzenem Wasser getrennt blanchieren und kurz in Eiswasser abschrecken.

Lauchzwiebeln putzen, waschen, ebenfalls in leicht gesalzenem Wasser blanchieren und in Eiswasser abschrecken.

Von den Bohnen und Zuckerschoten die Enden abknipsen, falls nötig entfädeln und blanchieren und abschrecken.

Den Spargel schälen, in leicht gesalzenem Wasser mit etwas Zucker und Butter bißfest kochen und kurz in Eiswasser geben.

Alles Gemüse danach auf einer Platte anrichten, eventuell mit etwas Salz und Pfeffer würzen.

Das Gemüse kann kalt oder warm serviert werden.

Dazu paßt am besten eine holländische Sauce oder Kräuter-Joghurt-Sauce.

Wirsinglaiberl

Für 12 kleine gefüllte Wirsinglaiberl

1 Wirsingkohl
500 g feingewürfelte Steinpilze
2 kleine feingehackte Zwiebeln
etwas Butter oder Öl
Salz, Pfeffer aus der Mühle
etwas Cayennepfeffer
200 g Sahne
2 EL frischgehackte Petersilie

Die abgelösten Blätter in kochendem Salzwasser kurz blanchieren und in Eiswasser abschrecken. Die Kohlblätter auf einem Tuch ausbreiten und gut trocknen.

Die Steinpilze mit den Zwiebeln in einer Pfanne mit etwas Öl oder Butter anbraten. Mit Salz, Pfeffer, Cayennepfeffer und Petersilie gut abschmekken.

Die Wirsingblätter in Schöpflöffel einlegen. Die restlichen Blätter und die Herzen in feine Würfel oder Streifen schneiden, zu den angeschwitzten Pilzen geben und gut vermischen. Flüssige Sahne zugeben und kurz einkochen lassen. Eventuell nachwürzen.

Jeweils ½ Wirsingblatt in einen Schöpflöffel von 4 Zentimetern Durchmesser geben, die Fülle hineinfüllen und die überstehenden Blätter einschlagen und gut zusammendrücken.

Im Backofen bei etwa 160 Grad 15–20 Minuten langsam in einer Bratreine garen.

Alfons Schuhbeck

Den Wirsing kann man auch ersetzen durch Rotkohl, Weißkraut, Mangold oder Kopfsalat.

Backfische und junges Gemüse

Gemüse, Fisch und Obst in Wein- und Bierteig

Schlosserbuben

24 entsteinte und über Nacht eingelegte
Back- oder Dörrpflaumen
24 geschälte weiße Mandeln
3 Eigelb
200 ml helles Bier
30 g flüssige Butter
220 g Mehl
Salz
3 Eiweiß
20 g Zucker
etwas doppelgriffiges Mehl
Backfett
Puderzucker, feine Schokoraspeln, Zucker

Die Dörrpflaumen etwas abtropfen lassen, mit je einem Mandelkern füllen.

Eigelb, Bier und flüssige Butter gut verrühren. Gesiebtes Mehl und Salz langsam einrühren und etwa ½ Stunde ruhen lassen.

Danach Eiweiß mit Zucker zu Schnee schlagen und vorsichtig unterheben.

Das Backfett gut erhitzen, die Dörrpflaumen in etwas doppelgriffigem Mehl wenden, mit Hilfe eines Holzspießes in den Backteig tauchen und in heißem Fett von allen Seiten goldbraun ausbacken.

Kurz auf Küchenkrepp abtropfen lassen, in mit Zucker vermengten Schokoraspeln wenden, mit Puderzucker bestäuben und servieren.

Gemüse in Bierteig

½ l helles Bier
450 g Mehl
Salz
4 Eigelb
4 Eiweiß
100 g flüssige Butter
1 kleiner Blumenkohl
1 kleiner Brokkoli
1 Aubergine
1 Zucchino
Pfeffer aus der Mühle, Muskat
etwas Mehl zum Mehlieren
Backfett oder Öl

Aus Bier, Salz, Mehl, Eigelb, geschlagenem Eiweiß und flüssiger Butter einen Bierbackteig herstellen.

Blumenkohl und Brokkoli in einzelne schöne und gleich große Rosen putzen, in leicht gesalzenem Wasser mit Biß blanchieren und kurz in Eiswasser abschrecken.

Aubergine und Zucchino in ½ Zentimeter dicke Scheiben schneiden.

Die Gemüsestücke gut mit Salz, Pfeffer und Muskat würzen, leicht mehlieren, in den Bierbackteig eintauchen und in Backfett goldbraun ausbacken. Kurz abtropfen lassen und servieren.

Alfons Schuhbeck

Wenn man Malzbier statt des hellen Biers nimmt, schmeckt der Teig würziger. Das Bier kann aber auch durch Weißwein, Sekt oder Prosecco ersetzt werden.

Gemüse, Fisch und Obst
in Wein- und Bierteig

Fischfilet in Weinteig

230 g Mehl
5 g Hefe
¼ l Wein
2 Eigelb
10 g Zucker
2 Eiweiß
etwas Salz, Pfeffer aus der Mühle
300 g Lachsfilet
300 g Zanderfilet
300 g Seezungenfilet
50 g flüssige Butter
1 Zitrone
2 EL gemischte, feingehackte Kräuter (Petersilie, Kerbel, Schnittlauch)
1 kleiner Bund Basilikum

Aus Mehl, Hefe, Wein, Eigelb, etwas Zucker, Salz, geschlagenem Eiweiß und flüssigem Fett einen Backteig herstellen und 1 Stunde ruhen lassen.

Die Fischfilets in längliche, gleich große Streifen oder Würfel schneiden und mit etwas Salz, Pfeffer und Zitrone gut würzen.

Die feingehackten Kräuter unter den Backteig geben.

Auf die Fischfiletstücke je ein Basilikumblatt legen, leicht mehlieren, in den Backteig tauchen und in heißem Backfett goldbraun ausbacken. Auf ein Küchentuch zum Abtropfen legen.

Gemüse, Fisch und Obst
in Wein- und Bierteig

Früchte in Weinteig

12 Aprikosen
250 g rote Johannisbeeren mit Stielen
300 g dunkle Kirschen mit Stielen
1 EL Marzipan
1 EL Mandeln, gehobelt und geröstet
1 EL Kirschwasser
460 g Mehl
½ l Wein
10 g Hefe
4 Eigelb
20 g Zucker
4 Eiweiß
50 g flüssige Butter
Puderzucker
50 ml Kirschsauce
50 ml Aprikosensauce
100 ml Vanillesauce
mindestens 1 l Öl zum Ausbacken

Die Kirschen und Aprikosen so entsteinen, daß die Früchte ganz bleiben. Die Johannisbeeren waschen und auf einem Tuch trocknen lassen.

Marzipan, Mandeln, Kirschwasser zu einer spritzfähigen Masse verarbeiten, in einen Spritzbeutel mit Lochtülle geben und die Kirschen und Aprikosen damit füllen.

Aus Mehl, Wein, Hefe, Eigelb sowie mit Zucker steif geschlagenem Eiweiß einen Backteig herstellen und die flüssige Butter untermischen.

Das Öl auf 175 Grad erhitzen und die in Backteig getauchten Kirschen, Aprikosen und roten Johannisbeeren mit Stiel 2–3 Minuten gut goldbraun ausbacken. Auf einem Küchentuch absetzen, damit das überschüssige Fett abtropfen kann.

Die gebackenen Früchte auf einem Teller mit Kirsch-, Aprikosen- und Vanillesauce anrichten.

Alfons Schuhbeck

Die Kirschen entsteinen Sie am besten mit einem speziellen Kirschentsteiner. Zum Entsteinen der Aprikosen nehme ich immer den dünnen Stiel eines Holzkochlöffels.

Scheibchenweise Toasts und Crostini

Gefüllte Pavesen

24 dünne Scheiben Stangenweißbrot
150 g Pflaumenmus (Powidl)
300 g Schnittkäse, 40 % Fett
4 Eier
360 ml Milch
20 g gehackte Sardellenfilets
30 g feingehackte schwarze Oliven oder Paste
Salz, Pfeffer aus der Mühle
etwas Weißbrotbrösel
Butterschmalz zum Ausbacken

12 Scheiben Weißbrot mit Pflaumenmus bestreichen und je eine zweite Scheibe darauflegen.

Den Käse in 1 Zentimeter dicke Scheiben und diese dann auf die Größe der Weißbrotscheiben zuschneiden. Die Hälfte der restlichen Brotscheiben mit Käse belegen und die Sardellen und feingehackten Oliven darüberstreuen, die restlichen Scheiben darauflegen. Milch und Eier gut verschlagen, mit Salz und Pfeffer würzen.

Nun beide Sorten Pavesen beidseitig in der Milch-Eier-Masse gut tränken und in Weißbrotbrösel gut panieren.

In heißem Butterschmalz goldbraun herausbacken, kurz auf ein Gitter setzen, abtropfen lassen und servieren.

Alfons Schuhbeck

Die Käsepavesen kann man auch mit Mozzarella, Räucherkäse oder Gorgonzola füllen. Es muß nur eine Käsesorte sein, die gut schmilzt.

Welsh Rarebit

12 Scheiben Frühstücksspeck
12 Bäcker-Toastscheiben
500 g Chesterkäse
4 Eigelb oder 60 g flüssige Butter
ca. 200 ml Bier, am besten Pils
2 EL scharfer Senf
1 EL edelsüßer Paprika
frisch gemahlener Pfeffer
1 Schale Gartenkresse

Den Frühstücksspeck in einer Pfanne von beiden Seiten kroß braten. Die Toastbrotscheiben leicht toasten.

Den Käse fein reiben und mit den Eigelb oder der flüssigen Butter verrühren. So viel Bier hinzufügen, bis eine cremige, streichfähige Masse entsteht. Mit Senf, Paprika und Peffer würzen und auf die Brotscheiben streichen. Jeweils eine Speckscheibe auf eine Toastbrotscheibe legen. Unter dem heißen Grill goldbraun überbacken.

Dann in Rauten schneiden und mit etwas Gartenkresse garnieren. Sofort servieren.

Alfons Schuhbeck

Der klassische Welsh Rarebit wird ohne Frühstücksspeck gemacht, mit Speck schmeckt er aber besser.

Brezenstangerl mit Geflügelleber

24 Scheiben Laugenstangenbrot
400 g Geflügelleber
1 kleine weiße Zwiebel
1 kleiner Apfel
Öl zum Braten
½ TL abgetupfte Thymianblätter
ein paar gehackte Majoranblätter
Salz, Pfeffer aus der Mühle
2 EL Geflügeljus
1–2 EL Butter

Die Leber säubern, waschen und trockentupfen. In feine Würfel schneiden, Zwiebel und Apfel schälen und ebenfalls feinwürfeln.

Etwas Öl in eine Pfanne geben, Zwiebel- und Apfelstücke darin glasig andünsten. Herausnehmen und in derselben Pfanne mit noch etwas Öl die feingewürfelte Leber schnell von allen Seiten anbraten. Mit Thymian, Majoran, Salz und Pfeffer gut würzen, die Apfel-Zwiebel-Masse hinzugeben, nachschmecken und etwas Geflügeljus hinzugeben.

Die Laugenscheiben von beiden Seiten in der Pfanne mit etwas Öl und Butter goldbraun rösten und die Lebermasse auf den Scheiben verteilen.

Strammer Max mit Wachtelei

12 Scheiben Weißbrot
50 g Butter
6 Scheiben Schmankerlschinken
12 Wachteleier
Salz, Pfeffer aus der Mühle
etwas Kerbel zum Garnieren

Die Weißbrotscheiben auf einer Seite etwas anrösten, mit Butter bestreichen, die Schinkenscheiben halbieren und in einer Pfanne von beiden Seiten mit etwas Farbe anbraten und auf die gebutterten Brotscheiben legen.

In einer beschichteten Pfanne etwas Butter erhitzen und die Wachteleier wie Spiegeleier braten. Leicht mit Salz und Pfeffer würzen, auf die kleinen Brotscheiben mit Schinken setzen und mit etwas Kerbel garnieren.

Alfons Schuhbeck

Das Weißbrot kann man auch durch Pumpernickel oder Schwarzbrot ersetzen.

Crostini mit Tomaten und Basilikum

24 Scheiben Stangenweißbrot, ca. 1 cm dick
9 Fleischtomaten
5 EL Olivenöl
10 Basilikumblätter
Salz, Pfeffer aus der Mühle
Zucker

Die Tomaten waschen, die Stielenden entfernen, kurz blanchieren, häuten, halbieren, entkernen und in kleine Würfel schneiden.

Olivenöl in einen Topf geben und die Tomatenwürfel darin leicht anschwitzen, mit Salz, Pfeffer, Zucker gut würzen und die feingeschnittenen Basilikumblätter untermischen.

Die Weißbrotscheiben im restlichen heißen Olivenöl von beiden Seiten goldbraun anbraten und mit den Tomatenwürfeln belegen.

Schwarzbrot-Crostini mit Räucherforelle

1 kleine Gärtnergurke
Salz
4 geräucherte Forellenfilets ohne Haut
Pfeffer aus der Mühle
24 Scheiben Stangenschwarzbrot, ca. 1 cm dick
2 EL Sonnenblumenöl
1 TL Butter
ein paar Dillspitzen

Die Gurke schälen, entkernen und in kleine Würfel oder Rauten schneiden, leicht salzen und in einem Sieb abtropfen lassen.

Die Forellenfilets in gleich große Würfel schneiden.

Gurken mit den Räucherfiletwürfeln gut mischen und mit etwas Pfeffer würzen.

Schwarzbrotscheiben in heißem Sonnenblumenöl und Butter von beiden Seiten goldbraun kroß braten, kurz mit etwas Küchenpapier abtupfen, mit der Forellen-Gurken-Masse belegen und mit Dillspitzen garnieren.

Zanderfilet und Kräutergraupen auf krosser Zanderhaut

1 kleine Karotte
½ Stange Lauch
Salz
2 EL Butter
200 g gekoche Perlgraupen
100 ml Brühe
Pfeffer aus der Mühle
4–6 Stücke Zanderhaut ohne Schuppen
etwas doppelgriffiges Mehl (Wiener Grießler)
Öl zum Ausbacken
150 g Zanderfilet ohne Haut
1 EL Pesto
1 EL feingehackte Petersilie
1 EL feingehackter Kerbel

Karotte und Lauch putzen, feinwürfeln, in leicht gesalzenem Wasser blanchieren, abgießen und kalt abschrecken. In einen Topf 1 Eßlöffel Butter geben, Gemüsewürfel und gekochte Graupen dazugeben, mit Brühe aufgießen, zum Kochen bringen, mit Salz und Pfeffer abschmecken.

Die Zanderhaut gut abwaschen, trockenlegen auf einem Tuch, in gleich große Rauten schneiden, leicht in doppelgriffigem Mehl wenden, mit Salz und Pfeffer würzen und in heißem Öl kroß ausbacken. Auf Küchenpapier abtropfen lassen.

Das Zanderfilet in Würfel oder Streifen schneiden, würzen und in einer heißen Pfanne gut von allen Seiten braten, eventuell nachwürzen.

Pesto, Petersilie und Kerbel unter die Graupen geben und eventuell nachwürzen.

Die Graupen auf der krossen Zanderhaut anrichten, mit ein paar Zanderwürfeln oder -streifen belegen und servieren.

Alfons Schuhbeck

Fragen Sie Ihren Fischhändler nach der Zanderhaut, er hat sie meist übrig und wird froh sein, wenn Sie jemand möchte.

Schwarzbrot-Pizza

600 g Sauervollkorn-Brotteig vom Bäcker
6 Scheiben Pizzakäse
6 in Scheiben geschnittene schwarze Oliven
250 g Zanderfilet ohne Haut und Gräten
1 kleiner Zucchino
100 g Cabanossi
1 Schalotte
300 g geschälte Tomatenstücke
Mehl zum Ausrollen

Den Brotteig auf bemehlter Fläche auf etwa 2 Millimeter ausrollen und etwas ruhen lassen.

8 Zentimeter runde Scheiben ausstechen, auf ein gefettetes und bestäubtes Backblech legen, mit Tomatenstücken bestreichen, dabei etwas Rand freilassen.

6 Fladen mit Käsescheiben und Oliven belegen, 6 Stück mit in Scheiben geschnittenen Cabanossi und Schalottenringen belegen und die restlichen mit Zucchinischeiben und Zanderstreifen.

Die Fladen im vorgeheizten Backofen bei 220 Grad 10 Minuten backen.

Alfons Schuhbeck

Die Pizzen schmecken am besten, wenn sie heiß aus dem Ofen kommen.

Mini-Quiches mit verschiedenen Füllungen

Für den Teig:

375 g Mehl
270 g Butter
1 Ei
1 Eigelb
Salz

Für die Fülle:

1 Eigelb
Salz
100 g blanchierter, in feine Streifen geschnittener Lauch
150 g feingewürfelte, blanchierte Zwiebel
30 g gewürfelter Speck
100 g süß-sauer eingelegter Kürbis
150 g feingewürfelte Apfelstücke
3–4 Minzeblätter
3 EL geriebener Gruyère

Für den Guß:

400 g Sahne
200 ml Milch
4 Eier
Salz, Pfeffer aus der Mühle, Muskat

Aus den Teigzutaten einen glatten geschmeidigen Teig herstellen und etwa 1 Stunde kaltstellen.

Den Teig sehr dünn ausrollen und 36 kleine runde Formen damit auslegen. Den Teig mit einer Gabel einige Male einstechen.

In 12 Formen gibt man Lauchstreifen und eine Hälfte Zwiebeln und Speck, in weitere 12 Förmchen Kürbis und die restlichen Zwiebeln und in die übrigen 12 Förmchen die Apfelwürfel mit feingeschnittener Minze.

Über alle ausgelegten Förmchen etwas feingeriebenen Gruyère streuen.

Die Zutaten für den Guß gut mixen, abschmekken und den fertigen Guß in die Förmchen verteilen.

Im 185 Grad heißen Backofen 12–15 Minuten goldbraun backen, etwas auskühlen lassen, aus den Förmchen nehmen und servieren.

Rhabarber- und Apfeldatschi

600 g Butterblätterteig
700 g Rhabarber
3 Golden Delicious
75 g Zucker
100 g Marzipanrohmasse
1 Ei
50 g geriebene, geröstete Haselnüsse
50 g Butter
50 g Zucker
25 g Mehl
2 EL Rhabarbergelee
3 EL Aprikosengelee

Blätterteig dünn ausrollen und mit einer kleinen Form von etwa 6–8 Zentimetern Durchmesser ausstechen. Teigreste kaltstellen.

Rhabarber putzen, die Stielansätze entfernen, kurz waschen, schälen, in gleich große Würfel oder Streifen schneiden. Mit 75 Gramm Zucker einzukern und 1 Stunde ziehen lassen.

Äpfel schälen, halbieren, entkernen und in feine Scheiben schneiden.

Butter, Zucker
Marzipan und Ei
schaumig schlagen, am Schluß das Mehl und die Haselnüsse untermischen.

Die Blätterteigböden etwa ½ Zentimeter dick mit Marzipanmasse bestreichen, am Blätterteigrand 1 Zentimeter freilassen, damit der Teig an der Seite hochbäckt.

Den Rhabarber auf ein Sieb schütten, den Saft auffangen.

Die Hälfte der Blätterteigböden mit Apfelscheiben, die anderen mit Rhabarberwürfeln belegen und auf einem Backblech mit Backpapier bei 220 Grad 10 Minuten backen.

Das Rhabarbergelee mit dem Rhabarbersaft gut verkochen, bis es eine nicht zu dünne Glasur gibt, das Aprikosengelee mit etwas Wasser kurz aufkochen lassen und gut glattrühren.

Die fertigen Rhabarberdatschi mit Rhabarbergelee und die Apfeldatschi mit Aprikosengelee servieren.

Erdbeerschiffchen

350 g Mürbeteig
24 länglich-ovale Torteletteformen, ca. 5 cm lang
50 g Zartbitterschokolade
150 g gekochte Pâtisseriecreme
1 EL Grand Marnier
1 EL geschlagene Sahne
500 g Walderdbeeren oder kleine Erdbeeren
80 g Erdbeergelee
Saft von ½ Zitrone
30 g geröstete Mandelblätter

Die ovalen Förmchen mit Zuckerteig dünn auslegen und im Backofen bei 165 Grad goldbraun backen. Aus den Formen nehmen und nach dem Erkalten in flüssiger Zartbitterschokolade ausstreichen.

Die Pâtisseriecreme kurz aufschlagen, mit etwas Grand Marnier gut abschmecken, geschlagene Sahne unterheben und mit einem Spritzbeutel die Creme in die Tortelettes verteilen.

Die Erdbeeren putzen, das Grün entfernen, mit etwas Zitronensaft und Puderzucker leicht marinieren und auf die Creme setzen.

Das Erdbeergelee leicht flüssig erwärmen, die Erdbeerschiffchen damit gut glasieren und mit ein paar Mandelblättern garnieren.

Alfons Schuhbeck

Pâtisseriecreme haben wir im Restaurant natürlich immer zur Hand. Zu Hause muß man sie frisch zubereiten. Es ist eigentlich ein mit Eigelb gebundener Vanillepudding.

Waginger Käsekuchen

100 g Mehl
50 g Butter
1 Prise Salz
1 Eigelb
1–2 EL eiskaltes Wasser
120 g Almkäse
50 g Bavariablu-Käse
Butter für die Form
Mehl zum Ausrollen
150 ml Milch
150 g Schlagsahne
2 Eier
Pfeffer aus der Mühle, Muskat

Mehl, Butter in Flöckchen, Salz, Eigelb und etwa 1–2 Eßlöffel Wasser zu einem festen, gleichmäßigen Teig verkneten. In Folie verpackt eine Stunde kaltstellen.

Den Almkäse reiben. Bavariablu kleinbröckeln. Kleine Tarteletteformen mit Butter ausstreichen. Mit etwas Mehl bestäuben.

Den Teig 2 Millimeter dick ausrollen, die 4 vorbereiteten Formen mit dem Teig auslegen und etwas festdrücken. Die Böden mit einer Gabel mehrmals einstechen und noch einmal 10 Minuten kaltstellen.

Almkäse und Bavariablu auf dem Teig gleichmäßig verteilen. Milch, Sahne und Eier im Mixer kräftig verquirlen. Die Mischung mit Pfeffer und Muskat abschmecken, nicht salzen.

Die Eiermilch auf dem Käse verteilen.

Die Formen in den auf 180 Grad vorgeheizten Backofen schieben und 15 Minuten goldbraun backen.

Schokoladenkuchen

300 g Rohmarzipan
130 g Eigelb
40 g Puderzucker
250 g Eiweiß
110 g Zucker
130 g Mehl
120 g Schokoraspeln
100 g flüssige Butter

Für die Glasur:

150 g dunkle Kuvertüre
1 EL Honig
80 ml Kondensmilch

Marzipan, Puderzucker und Eigelb schaumig schlagen. Eiweiß und Zucker zu Schnee schlagen und unter die obige Masse mischen, das gesiebte Mehl und die Schokoraspeln unterziehen und die flüssige Butter zugeben.

Die Masse auf ein gut gefettetes und mit Mehl bestäubtes Backblech geben und bei 195 Grad etwa 15 Minuten backen.

Kuvertüre, Honig und Kondensmilch über dem Wasserbad auflösen und gut glattrühren.

Den fertigen Kuchen mit der noch lauwarmen Glasur überziehen und ungefähr ½ Stunde trocknen lassen.

Harte Schale mit weichem Kern

Austern, Muscheln und Garnelen

Austern mit Chesterbrot

24 mittelgroße Austern (Sylter Royal)
zerstoßene Eiswürfel
8 Scheiben Pumpernickel
50 g Butter
6 Scheiben Chester, nicht zu dünn
4 unbehandelte Zitronen

Die Austern öffnen und eventuell leicht mit Salzwasser waschen, auf zerstoßene Eiswürfel legen.

Die Pumpernickelscheiben mit Butter bestreichen, 6 Scheiben mit Chesterkäse belegen, davon je 3 übereinanderlegen und mit je einer Scheibe Pumpernickel belegen. Gut andrücken und mit einem Messer daraus Dreiecke oder Vierecke schneiden.

Die Austern mit halbierten Zitronenstücken und den Chesterbrotstücken servieren.

Überbackene Muscheln

24 mittelgroße Muscheln
2–3 EL Olivenöl
50 ml trockener Weißwein
1 Knoblauchzehe
Salz, Pfeffer aus der Mühle
200 g blanchierter Blattspinat
50 g Tomatenwürfel
150 g holländische Sauce
1 TL feingehackter Estragon

Die Muscheln gründlich bürsten und gut waschen. In einen Topf etwas Olivenöl, Weißwein und die Knoblauchzehe geben und die Muscheln darin zugedeckt etwa 5 Minuten langsam dünsten bis sich die Schalen öffnen! Mit Salz und Pfeffer würzen. Die Muscheln auskühlen lassen.

Je eine Muschel in eine schöne Schale hineinlegen, etwas gut abgeschmeckten Spinat und die Tomatenwürfel hinzufügen. Den Estragon in die holländische Sauce geben und die Muscheln damit überziehen.

Im auf 180 Grad vorgeheizten Backofen schnell überbacken.

Austern,
Muscheln, Garnelen

Scampischwänze im Reisblatt

24 Scampi
Salz, Pfeffer aus der Mühle
etwas Worcestersauce
Saft von ½ Limette
1 kleiner Bund gehacktes Koriandergrün
12 Reisblätter
1 Eiweiß
etwas Öl zum Ausbacken
150 ml mittelscharfe Chilisauce

Die Scampi schälen, das Schwanzende läßt man dran. Den Darm am Scampirücken entfernen. Mit Salz und Pfeffer, Worcestersauce, Limettensaft und feingehacktem Koriander würzen.

Die Reisblätter in lauwarmen Wasser einweichen und halbieren. Die Scampi darin fest einpacken, die Ränder mit etwas Eiweiß bestreichen und gut festdrücken. In heißem Fett 5–6 Minuten ausbakken.

Kurz auf Küchenpapier abtropfen lassen und mit der Chilisauce servieren.

Alfons Schuhbeck

Statt der Scampi kann man auch Tintenfischwürfel nehmen.

Und meine Suppe eß' ich doch

Für Sommer und Winter

Gazpacho

400 g Freilandgurken
300 g Tomaten
2 rote Paprikaschoten
1 Eigelb
2 EL Olivenöl
3 EL neutrales Öl
2 TL Rotweinessig
Salz, Pfeffer aus der Mühle
1 Knoblauchzehe
1 Scheibe Toastbrot
1 EL Öl zum Braten

Gurken schälen, halbieren, entkernen.

Tomaten kurz blanchieren, häuten, halbieren und die Kerne herauslösen. Paprikaschoten halbieren und entkernen.

Ein Viertel der entkernten Gurken, zwei vorbereitete Tomaten und ein Viertel der Paprika in winzig kleine Würfel schneiden. Restliches Gemüse im Mixer feinpürieren.

Eigelb, Olivenöl, neutrales Öl und Essig im Mixer oder mit dem Pürierstab mixen, bis eine dicke Mayonnaise entstanden ist.

Den Gemüsebrei hinzufügen. Mit Salz, Pfeffer und zerdrücktem Knoblauch abschmecken.

Für mindestens 2 Stunden im Kühlschrank oder 30 bis 40 Minuten in den Tiefkühler stellen.

Toastbrot in kleine Würfel schneiden, in der Pfanne in heißem Öl goldbraun rösten. Auf Küchenkrepp abkühlen lassen.

Zum Servieren die eiskalte Suppe mit Gemüse- und gerösteten Brotwürfeln anrichten.

Fischsuppe mit Saibling und Zander

300 g Zanderfilet
200 g Saiblingfilet
2 Kohlrabiknollen
2 Stangen Lauch
30 g Butter
2 geschälte Schalotten
½ geschälte Knoblauchzehe
1 l Fischbrühe
1 Knoblauchzehe
Zitronensaft
Salz, Pfeffer aus der Mühle
1½ EL gehacktes Basilikum
50 g Sahne

Zander- und Saiblingfilet in gleich große Stücke oder Streifen teilen. Kohlrabi schälen, Lauch putzen, gründlich waschen und in Rauten schneiden.

Butter in einem Topf zerlassen und in Streifen geschnittene Schalotten, Lauch und Kohlrabi darin glasig dünsten.

Fischbrühe und zerdrückten Knoblauch zufügen. Alles einmal aufkochen und 8 Minuten bei kleiner Hitze kochen lassen.

Fischstücke salzen, mit Zitronensaft beträufeln und im Fond etwa 2 Minuten garziehen lassen.

Die Fischstücke herausheben und in vorgewärmte Kaffeetassen geben.

Die Suppe mit Salz und Pfeffer abschmecken, Sahne beigeben, kurz aufkochen lassen, über die Fischstücke geben und mit Basilikum bestreut servieren.

Kürbissuppe

350 g Kürbis
80 g Butter
3–4 EL Rotweinessig
1 TL Zucker
¾ l Gemüsebrühe
50 g Sahne
Salz, Pfeffer aus der Mühle
1 EL Kürbiskernöl
120 g Räucheraalfilet
1 EL gehackte Petersilie

Kürbis schälen, waschen und würfeln.

Butter in einem Topf zerlassen. Kürbiswürfel zufügen und andünsten, mit Rotweinessig ablöschen und leicht zuckern. Brühe und Sahne zugießen. Im geschlossenen Topf bei kleiner Hitze 20 Minuten köcheln lassen.

Den Topfinhalt im Mixer oder mit dem Pürierstab pürieren und mit Salz und Pfeffer abschmecken. Zum Schluß das Kürbiskernöl unterrühren.

Die Suppe in vorgewärmte Mokka- oder Kaffeetassen geben, die in kleine Stücke zerpflückten Räucheraalfilets darauf verteilen und mit Petersilie bestreuen und servieren.

Geeiste Gurkensuppe

1 kg Freilandgurken
½ Knoblauchzehe
3 EL neutrales Öl
2 TL Rotweinessig
50 g flüssige Sahne
Salz,
Pfeffer aus der Mühle
etwas Cayennepfeffer
ein paar Dillspitzen

Gurken schälen, halbieren, entkernen und in grobe Stücke zerteilen. Im Mixer aufmixen, das Öl und etwas Essig zugeben, die flüssige Sahne untermischen und nochmals durchmixen. Mit etwas Salz, Pfeffer und Cayennepfeffer gut würzen und auf Eis kaltrühren oder für etwa 2–3 Stunden in den Kühlschrank stellen.

Die kalte Suppe mit etwas Dill garnieren und in kleinen Tassen servieren.

Tomatensuppe

1 kg reife Freilandtomaten
3 EL Butter
1 Zwiebel
2 Knoblauchzehen
1 Stengel Thymian
1 Bund Basilikum
Salz, Pfeffer aus der Mühle
1 TL Zucker
100 g Schlagsahne

Tomaten kurz blanchieren, häuten, halbieren und die Kerne herauslösen.

Butter im Topf erhitzen. Gewürfelte Zwiebel und zerdrückten Knoblauch darin glasig dünsten.

Tomaten, Thymian und eine Hälfte des Basilikums zufügen und 10 Minuten kochen.

Die Suppe mit Zucker, Salz und Pfeffer abschmekken.

Sahne hinzufügen, alles im Mixer schaumig aufmixen und die Suppe mit Basilikumblättern garniert in kleinen Schüsseln oder Tassen servieren.

Kartoffelsuppe

300 g mehligkochende Kartoffeln
Salz
½ TL gerebelter Majoran
1 Knoblauchzehe
Pfeffer aus der Mühle
Muskat
½ l Brühe
100 g Schlagsahne
40 g Butter
2 EL steifgeschlagene Sahne
2 Blätter Bärlauch

Geschälte Kartoffeln waschen und kleinschneiden. Mit wenig Wasser, etwas Salz und Majoran in etwa 20 Minuten garkochen. Das Kartoffelwasser abgießen, auffangen und heißhalten. Die heißen Kartoffeln durch ein Sieb streichen. Mit zerdrücktem Knoblauch, Salz, Pfeffer und Muskat abschmekken.

Brühe, flüssige Sahne und Butter zufügen. Mit einem Schneebesen kurz durchschlagen. Eventuell etwas heißes Kartoffelwasser zufügen.

Geschlagene Sahne mit dem Schneebesen unterziehen und die Suppe in vorgewärmten kleinen Schüsseln oder Kaffeetassen anrichten und mit feingeschnittenem Bärlauch bestreut servieren.

Alfons Schuhbeck

Im Frühling mit frischem Bärlauch, im Sommer mit Kerbel, Bärlauch, Basilikum oder Estragon oder mit Zitronenthymian würzen.

Geeiste Melonensuppe

2 kg Honig- oder Netzmelonen
80 g Zucker
1 Zitrone
4–5 Blätter frische Zitronenmelisse

Die Melonen halbieren, entkernen, das Fruchtfleisch aushöhlen und etwa ¼ davon in kleine Würfel schneiden.

Das restliche Fruchtfleisch mit Zucker bestreuen, etwas Zitronensaft zugeben und im Mixer gut durchmixen.

Sollte die Suppe zu dick sein, gibt man etwas stilles Mineralwasser hinein.

Die Melonensuppe 3–4 Stunden zugedeckt in den Kühlschrank stellen. Danach in Kaffeetassen anrichten und mit etwas feingeschnittener Zitronenmelisse und den Melonenwürfeln garnieren.

Alfons Schuhbeck

Wenn man kleine Melonen hat, kann man diese halbieren, die Kerne und das Fruchtfleisch entnehmen und die Schalen einfrieren. Die gut gekühlte Suppe darin servieren.

Tafelspitzsupperl

750 g Tafelspitz
1 Bund Suppengrün
1 Karotte
1 Zucchino
1 Kohlrabiknolle
1 kleines Bund Schnittlauch
Salz, Pfeffer aus der Mühle, Muskat

Den Tafelspitz und das Suppengrün in etwa 1½ Litern Wasser kochen und 1½ Stunden ziehen lassen. Das Fleisch in Würfel schneiden.

Das Gemüse putzen, waschen, schälen, in gleich große Würfel oder Rauten schneiden.

Den Schnittlauch waschen, gut abtropfen lassen und feinschneiden.

Die Kraftbrühe kurz aufkochen lassen, mit Salz und Pfeffer abschmecken. Die Gemüsewürfel hineingeben und in wenigen Minuten bißfest kochen. Zum Schluß die Fleischwürfel hinzufügen.

Schnittlauch in die Tassen geben mit Muskat bestreuen und mit der Suppe aufgießen.

Fingernudeln

600 g mehligkochende Kartoffeln (Primura)
2 Eigelb
50 g Kartoffelmehl
Salz, Pfeffer aus der Mühle
Muskat
1 TL gehackter Kerbel
1 TL Schnittlauch
1 TL Petersilie
Mehl
Öl und Butter zum Ausbacken

Die Kartoffeln in leicht gesalzenem Wasser weichkochen und gut abtropfen lassen. Noch warm durch die Kartoffelpresse drücken und auskühlen lassen. Eigelb, Kartoffelmehl, Salz, Pfeffer, Muskat und die Kräuter zu einem Teig vermischen. Mit etwas Mehl fingerdicke Nudeln formen.

In einem Topf mit leichtem Salzwasser kurz blanchieren, gut abtropfen lassen.

In einer Pfanne mit etwas Öl und Butter goldbraun ausbacken und servieren.

Alfons Schuhbeck

Die Fingernudeln können verfeinert werden, indem man sie in Sahne taucht, mit Sesam oder Mohn bestreut und dann in der Pfanne ausbackt.

Reiberdatschi mit Lachs

500 g vorwiegend festkochende Kartoffeln
2 Eigelb
Salz, Pfeffer aus der Mühle
Öl zum Braten
200 g gebeizte Lachsforelle oder Lachs, in dünnen Scheiben
50 g Schmand
ein paar Dillspitzen

Geschälte Kartoffeln reiben und in einem Tuch ausdrücken. Mit Eigelb mischen, mit Salz und Pfeffer würzen.

In einer beschichteten Pfanne wenig Öl erhitzen. Jeweils ½ Eßlöffel Kartoffelmasse hineingeben, rund auseinanderstreichen und von beiden Seiten goldbraun braten.

Eine Lachsscheibe auf die warmen Reiberdatschis geben, mit Schmand und Dillspitzen garnieren.

Kartoffel-Kräuter-Kroketten

500 g gekochte Salzkartoffeln
3 Eigelb
2 EL Kartoffelstärke
2 EL gehackte Petersilie
2 EL geschnittener Schnittlauch
1 EL feingehackter Kerbel
Mehl zum Wenden (z. B. Wiener Grießler)
2 Eier
100 g Semmelbrösel
Fett oder Öl zum Ausbacken
12 Scheiben Wammerl (Bauchspeck)

Die gekochten Kartoffeln abgießen, gut ausdampfen lassen und durch die Kartoffelpresse drücken. Eigelb, Kartoffelstärke und die gehackten Kräuter hinzufügen und alles zu einer kompakten Masse verarbeiten.

Die Masse zu langen Würsten ausrollen und in gleich große Stücke schneiden. In Mehl wenden und anschließend in Ei und Semmelbröseln panieren. In heißem Fett oder Öl goldbraun ausbacken.

Die Speckscheiben halbieren und in einer Pfanne kroß braten. Zusammen mit den Kräuterkroketten servieren.

Sauerkraut-Kartoffelnudeln

750 g mehligkochende Kartoffeln
175 g Wammerl (Bauchspeck)
2 weiße Zwiebeln
200 g rohes, gehacktes Sauerkraut
2 Eigelb
2 EL Schmand
Salz, Pfeffer aus der Mühle, Muskat
2 EL feingehackte Petersilie
40 g Kartoffelstärke
2 EL Schmalz

Kartoffeln schälen, halbieren, in leicht gesalzenem Wasser dämpfen, gut ausdampfen lassen und durch eine Kartoffelpresse drücken. Die Kartoffelmasse mit der Sauerkrautmasse gut vermischen, Eigelb und Schmand hinzugeben, alles gut mit Salz, Pfeffer und Muskat abschmecken und die Petersilie untermischen.

Wammerl in kleine Würfel schneiden, Zwiebeln schälen, würfeln und zusammen mit dem Wammerl andünsten und mit dem gehackten Sauerkraut gut vermischen.

Die Masse auf eine mit Kartoffelmehl bestäubte Fläche ausbreiten und fingerdicke Würste daraus rollen. Abkühlen lassen und in heißem Schmalz goldbraun ausbacken. Kurz auf Küchenpapier abtropfen lassen. Servieren.

Kartoffeln mit Blut- und Leberwurstgröstl

18 kleine bis mittelgroße, festkochende Kartoffeln
Salz, etwas gemahlener Kümmel
2 Schalotten
etwas Öl zum Braten
200 g Blutwurst
200 g Leberwurst
etwas Butter zum Braten
Pfeffer aus der Mühle
1 kleines Bund Petersilie

Die Kartoffeln mit der Schale kochen (das Wasser gut mit Salz und Kümmel abschmecken!).

Schalotten schälen, in feine Ringe schneiden und in der Pfanne in Öl kroß ausbacken.

Blut- und Leberwurst in einer Pfanne schmelzen, die gekochten Kartoffeln mit Schale halbieren, mit einem kleinen Löffel das Kartoffelfleisch aushöhlen.

In eine Pfanne etwas Butter geben, die Kartoffelhälften darin kurz anbraten, leicht mit Salz und Pfeffer würzen, auf ein Backblech setzen und warmstellen.

Das von den Kartoffeln Ausgehöhlte würfeln, in einer Pfanne gut anbraten, abschmecken, das Blut- und Leberwurstgemisch dazugeben, alles gut zusammen anrösten, in die ausgehöhlten Kartoffelhälften geben und mit Schalottenringen und Petersilie garnieren.

Kartoffelbuchteln

200 g gekochte, mehligkochende, warme Kartoffeln
175 g Mehl
150 ml Milch
15 g Hefe
1 Ei
1 Prise Salz
1 Prise Zucker
60 g flüssige Butter
2 Schalotten
1 EL Öl
1 EL feingehackte Petersilie
1 Eigelb
1 EL Sahne
flüssige Butter für die Form

Die gekochten Kartoffeln ausdampfen lassen, durchpressen.

Aus etwas Mehl, Milch und Hefe einen Vorteig rühren, etwa 30 Minuten an einem warmen Ort zugedeckt stehen lassen.

Nun dem Vorteig die restliche Milch, Ei, Salz, Zucker, flüssige Butter und das restliche Mehl beigeben und einen glatten Teig herstellen.

Die Schalotten schälen, würfeln und in Öl glasig andünsten, Petersilie beigeben und den Kartoffeln und dem Teig zu einer glatten Masse verarbeiten, 1 Stunde ruhen lassen.

Den Teig ungefähr 1 ½ Zentimeter dick ausrollen, runde Teile mit einem Ausstecher von 2½ Zentimetern Durchmesser ausstechen. Die Teile in flüssiger Butter, in eine runde oder ovale Porzellanform, wabenartig aneinandersetzen und nochmals etwa 20 Minuten gehen lassen. Eigelb und Sahne verquirlen und damit die Teile bepinseln und bei 145 Grad 25–30 Minuten goldbraun ausbacken. Noch warm servieren.

Am Ball bleiben Knödel und Pflanzerl

Topfen-Sauerkraut-Knödel

150 g trockenes Sauerkraut
250 g trockener Topfen
100 g gekochte und durchgedrückte Kartoffeln
2 Eigelb
Salz, Pfeffer aus der Mühle, etwas Kümmel
150 g Weißbrotbrösel
50 g Speckwürfel
20 g Butter
1 kleines Bund Schnittlauch

Das Sauerkraut kleinhacken, Topfen, Kartoffeln und Sauerkraut gut vermischen, das Ei beigeben, mit Salz, Pfeffer und Kümmel gut würzen. Weißbrotbrösel und geröstete, kleine Speckwürfel untermischen. Zu einer formbaren Masse verkneten.

Aus dieser Masse gleich große Knödel formen, in kochendes, leicht gesalzenes Wasser einlegen und 6–8 Minuten sieden lassen. Herausnehmen und kurz abtropfen lassen. Mit geschmolzener Butter beträufeln und mit feingeschnittenem Schnittlauch bestreuen.

Alfons Schuhbeck

Topfen über Nacht auf einem Tuch abtropfen lassen. Damit die Knödel auf keinen Fall auseinanderfallen, rühren Sie 1 Eßlöffel Speisestärke in das Kochwasser!

Topfenknödel

1¼ kg Magerquark, 20% Fett
50 g Butter
3 EL Zucker
etwas geriebene Zitronenschale
3 Eier
Salz
1 Vanilleschote
120 g Kuchenbrösel (Bisquitbrösel)
100 g Semmelbrösel
1 EL Zucker

Den Quark über Nacht in einem Passiertuch aufhängen und abtropfen lassen.

Butter und Zucker sowie Abgeriebenes von der Zitrone schaumig schlagen, Eier nach und nach untermischen, etwas Salz und Vanillemark beigeben und gut verrühren. Nun abwechselnd Topfen und Kuchenbrösel untermischen. Das Ganze 1 Stunde stehen lassen.

Die Masse zu gleichmäßig großen, runden Kugeln von etwa 90 Gramm formen.

In einen Topf mit kochendem Wasser etwas Salz geben, die Knödel einlegen, einmal aufkochen lassen und danach 10–12 Minuten ziehen lassen, nicht kochen.

Unterdessen 100 Gramm Semmelbrösel mit 1 Eßlöffel Zucker in der Pfanne goldbraun rösten. Wenn die Knödel fertig sind, herausnehmen, abtropfen lassen und in den gerösteten Zuckerbröseln wenden.

Kartoffelknödel mit Blut- und Leberwurst

Für den Kartoffelteig:

500 g mehligkochende Kartoffeln
120 g Kartoffelstärke
3 Eigelb
25 g braune Butter
Salz, Pfeffer aus der Mühle, Muskat

Für die Fülle:

100 g Leberwurst
100 g Blutwurst
1 EL Sahne
1 entrindete Semmel
30 g Butter
Muskat, Salz
1 EL gehackte Petersilie
1 EL feingeschnittener Schnittlauch

Die Kartoffeln schälen, in gleich große Stücke zerteilen und im 180 Grad heißen Backofen weichdünsten, danach bei geöffneter Backofentür noch 5 Minuten ausdampfen lassen. Die Kartoffeln passieren und Kartoffelstärke, Eigelb und braune Butter dazugeben. Mit Salz, Pfeffer und Muskat würzen. Alles rasch zu einem Teig verkneten. Den Teig in 40-Gramm-Stücke portionieren.

Die Würste zerdrücken, mit der Sahne aufkochen lassen, mit Salz und Muskat würzen. Die Petersilie und den Schnittlauch zugeben. Die Semmeln in Würfel schneiden und in Butter goldbraun gut anrösten, daruntermischen. Die Fülle erkalten lassen und zu Kugeln von je 20 Gramm drehen.

Das Teigstück zu einer Kugel formen, plattdrükken, mit den Wurstringeln füllen und zu einem Knödel drehen.

Die Knödel in Salzwasser ungefähr 8 Minuten kochen und mit Schnittlauch bestreut anrichten.

Alfons Schuhbeck

Wenn es mal schnell gehen soll, nehmen Sie fertigen Kartoffelteig aus der Packung.

Gemüsepflanzerl

1 Zucchino
1 Karotte
1 Kohlrabi
1 weiße Zwiebel
80 g grüne Erbsen
50 g Sojasprossen
1 rote Paprika
1 EL Butter
Salz, Pfeffer aus der Mühle
250 g mehligkochende Kartoffeln
1 Ei
30 g Semmelbrösel oder Weizenvollkornschrot
80 g geröstete Sonnenblumenkerne
Öl zum Braten

Das Gemüse schälen, waschen, putzen und alles in gleich große Würfel oder kurze Streifen schneiden.

Butter in einer Pfanne erhitzen und das Gemüse darin kurz anschwitzen, mit Salz und Pfeffer abschmecken, auf ein Sieb zum Abtropfen geben und kurz kaltstellen.

Die Kartoffeln schälen, kochen und gut abgetropft in eine Schüssel drücken. Das Gemüse daruntermischen, gut nachschmecken. Das Ei zugeben, danach die Semmelbrösel oder den Weizenvollkornschrot.

Aus der Masse kleine, gleich große Pflanzerl formen, in feingehackten Sonnenblumenkernen wenden und gut festdrücken. In einer beschichteten Pfanne das Öl erhitzen und die Gemüsepflanzerl von beiden Seiten goldbraun herausbacken. Auf Küchenpapier entfetten lassen und warm servieren.

Fischlaiberl im Wirsingmantel

12 Wirsingblätter
500 g Hechtfilet
1 Ei
350 g Sahne
3 EL geschlagene Sahne
Salz, Pfeffer aus der Mühle, Muskat
etwas Zitronensaft
360 g Filet von der Lachsforelle

Wirsingblätter in leicht gesalzenem Wasser blanchieren, in Eiswasser abschrecken und auf einem Küchentuch gut abtrocknen.

Hechtfilet würfeln, salzen, kaltstellen, danach in einem kleinen Zerhacker kurz pürieren, Ei und flüssige Sahne beigeben, kurz aufmixen, mit Salz, Pfeffer, Muskat und Zitronensaft gut abschmekken, durch ein feines Haarsieb streichen und auf Eis kaltstellen.

In einen Suppenschöpfer von etwa 5 Zentimetern Durchmesser ein Wirsingblatt auslegen. Fischfarce in einen Spritzbeutel mit großer Lochtülle geben.

Lachsforellenfilet in 12 gleich große Würfel schneiden, gut mit Salz und Pfeffer würzen.

Das Wirsingblatt zur Hälfte mit Farce einspritzen, Lachsforellenfilet in die Mitte einlegen, etwas andrücken und mit Farce bis zur oberen Kante des Schöpfers auffüllen. Das überlappende Wirsingblatt einschlagen, so daß es ein geschlossenes Laiberl gibt. Den Vorgang wiederholen, bis alles eingepackt ist. Die Laiberl anschließend auf einem Gitter über Dampf ungefähr 12 Minuten dämpfen und dann 2 Minuten ruhen lassen. Aufschneiden und servieren.

Fleischpflanzerl mit Wachtelei gefüllt

24 Wachteleier
2 altbackene, feingeschnittene Semmeln
¼ l Milch
je 200 g mageres Schweine- und Kalbfleisch
2 kleine geschälte Zwiebeln
1 geschälte Knoblauchzehe
1 EL gehackte Petersilie
1 El gehackte Majoranblätter
20 g Butter
1 Ei
Salz, Pfeffer aus der Mühle
2 TL scharfer Senf
Muskat, Cayennepfeffer
Öl zum Braten

Die Wachteleier in kochendem Wasser 2–3 Minuten kochen, gut abschrecken, schälen und auskühlen lassen.

Semmeln in Milch einweichen. Schweine- und Kalbfleisch würfeln. Gewürfelte Zwiebeln, zerdrückten Knoblauch, Petersilie und Majoran in Butter glasig dünsten. Ausgedrückte Semmeln und Fleisch im Zerhacker zerkleinern oder durch die mittlere Scheibe des Fleischwolfes drehen. Mit der Zwiebelmischung und dem Ei mischen. Die Masse zu einem glatten Fleischteig durcharbeiten. Mit Salz, Pfeffer, Senf, Muskat und Cayennepfeffer abschmecken.

Mit den Händen gleich große Pflanzerl formen, etwas auseinanderdrücken und das Wachtelei in die Mitte legen, mit Fleischpflanzerlmasse einschlagen, etwas andrücken und in einer Pfanne mit Öl von beiden Seiten gut fertig braten.

Entenbrust auf Brezenknödelscheiben

2 Entenbrustsattel
Salz, Pfeffer aus der Mühle
18 Scheiben Brezenknödel
6 blanchierte Wirsingblätter
120 g fertiggekochtes Blaukraut
120 g kaltgemischte Preiselbeeren
1 EL Butter

Die Entenbrustsattel gut mit Salz und Pfeffer würzen und in die Bratreine geben. In den vorgeheizten Backofen bei 165 Grad für etwa 1 Stunde geben. Mit etwas Wasser begießen.

Danach die Brusthälften vom Sattel auslösen, auf ein Backblech legen und unter starker Oberhitze kroß backen.

Die Brezenknödelscheiben mit etwas Butter kurz anbraten. Nun 6 Brezenknödelscheiben mit je einem zugeschnittenen Wirsingblatt, 6 mit warmen Blaukraut ohne Saft und 6 mit Preiselbeeren ohne Saft belegen. Danach alle mit den in Scheiben geschnittenen, krossen Entenbruststücken belegen und servieren.

Fischpflanzerl

300 g Zanderfilet
200 g Hechtfilet
2 altbackene Semmeln
1 in Würfel geschnittene Zwiebel
½ gehackte Knoblauchzehe
1 EL gehackte Petersilie
1 EL gehackter Kerbel
1 EL Öl
1 Karotte
1 Zucchino
1 kleine Stange Lauch
80 ml Weißwein
1 Ei
Salz, Pfeffer aus der Mühle
1 Spritzer Zitronensaft

Semmeln in kaltem Wasser einweichen und mit den Händen ausdrücken. Eingeweichte Semmeln, Zander- und Hechtfilet durch die grobe Scheibe des Fleischwolfes drehen oder mit dem Zerhacker entsprechend zerkleinern.

Zwiebelwürfel, zerdrückten Knoblauch, gehackte Petersilie und Kerbel in heißem Öl kurz dünsten.

Karotte, Zucchino und Lauch putzen und in kleine Würfel schneiden. In heißem Salzwasser einmal aufkochen und über einem Sieb abgießen. Kalt abschrecken.

Weißwein im offenen Topf bis auf 1 Eßlöffel eindampfen und abkühlen lassen.

Durchgedrehte Fisch-Semmel-Masse mit Zwiebel-Kräuter-Mischung, Gemüsewürfeln, Wein und Ei gründlich mischen. Mit Salz, Pfeffer und Zitronensaft abschmecken.

Mit angefeuchteten Händen gleichmäßige Pfanzerl formen und 1 Stunde kaltstellen.

Dann in heißem Öl von beiden Seiten goldbraun braten.

Gebackene Zwetschgenknödel

16 kleine reife Zwergzwetschgen
50 g Marzipanrohmasse
2 cl Zwetschgenwasser
400 g gekochte, mehligkochende Kartoffeln
60 g Weizenstärke
35 g Hartweizengrieß
1 Eigelb
etwas Vanillezucker
25 g flüssige Butter
⅛ l Milch
125 g Sahne
2 Eier
2 Eigelb
1 Vanilleschote
100 g geröstete und gezuckerte Semmelbrösel
etwas Puderzucker

Die Zwetschgen waschen, längs aufschneiden und entsteinen.

Das Marzipan mit Zwetschgenwasser leicht verrühren und mit einem Spritzbeutel die Zwetschgen füllen.

In die durchpassierten, noch warmen Kartoffeln Weizenstärke, Hartweizengrieß, Eigelb, Vanillezucker und flüssige Butter geben und gut verarbeiten.

Die Masse 1 Zentimeter dick ausrollen und in 16 gleich große Stücke teilen. In der Handfläche auseinanderdrücken, die gefüllten Zwetschgen einlegen, ganz einpacken und zu Knödeln formen.

Die Knödel in leicht gesalzenem Wasser etwa 5 Minuten kochen. Mit einem Schaumlöffel herausheben und in eine ovale Auflaufform geben.

Milch, Sahne, Eier, Eigelb und ausgeschabte Vanilleschote gut verquirlen, die Zwetschgenknödel damit angießen, mit den gezuckerten Bröseln bestreuen und im Ofen bei 185 Grad 10 Minuten goldbraun überbacken. Mit Puderzucker bestreuen und servieren.

Für Spießbürger

Fisch, Fleisch, Gemüse und Obst
am Holzspieß

Mariniertes Gemüse am Spieß

12 kleine Teltower Rübchen mit Grün
2 Selleriestangen
2 Zucchini
½ Sellerieknolle
1 Karotte
1 Stange Lauch
200 ml gutes Olivenöl
2 Zitronen
Salz, Pfeffer aus der Mühle
etwas rosa Pfeffer
1 Thymianzweig
12 Holzspieße

Die Rübchen gut waschen, schälen und halbieren. Stangensellerie schälen und in 3 Zentimeter lange Stücke schneiden. Zucchini waschen und in Scheiben schneiden, Sellerieknolle in gleich große Scheiben schneiden. Karotte und Lauch putzen und in Stücke schneiden.

Alle Gemüseteile abwechselnd auf Holzspieße geben. Die Spieße wenige Minuten blanchieren und anschließend in eine Marinade aus Olivenöl, Zitronensaft, Salz, Pfeffer, zerdrücktem rosa Pfeffer und kleingehackten Thymianblättern legen und 2–3 Stunden ziehen lassen.

Alfons Schuhbeck

Das Gemüse können sie entsprechend der jeweiligen Jahreszeit variieren. Je frischer und knackiger das Gemüse, umso besser!

Gebratene Gemüsespieße

12 kleine, geschälte Kartoffeln
1 Zucchino
1 Karotte
½ Sellerieknolle
2 Stangen Bleichsellerie
6 EL Olivenöl
Saft von 1 Zitrone
Salz, Pfeffer aus der Mühle
12 Holzspieße

Die Kartoffeln in leicht gesalzenem Wasser kochen, aber noch mit etwas Biß.

Karotte schälen, Zucchino und Karotte in ½ Zentimeter dicke Scheiben schneiden. Sellerie in gleich große Scheiben, Bleichsellerie in gleich große Stücke schneiden.

Die Spieße abwechselnd mit Kartoffeln, Karotten, Zucchini, Sellerie und Bleichsellerie bestücken. Salz, Pfeffer, Olivenöl und Zitronensaft verrühren und die Spieße damit bestreichen. 30 Minuten marinieren lassen.

Die marinierten Spieße in einer beschichteten Pfanne von allen Seiten goldbraun braten.

Spieße mit gebackenen Weißwurstradeln

4 Weißwürste
etwas Mehl zum Mehlieren
2 Eier
80 g Weißbrotbrösel
150 g süß-sauer eingelegte Zucchinischeiben
2 süß-sauer eingelegte Paprikaschoten
2 süß-sauer eingelegte Zwiebeln
etwas Öl zum Ausbacken
12 Holzspieße

Von den Weißwürsten die Haut abziehen und die Würste in 1 Zentimeter dicke Scheiben schneiden. Die Scheiben mehlieren, in verschlagenem Ei wenden und in Weißbrotbröseln gut panieren.

Das eingelegte Gemüse in gleich große Stücke schneiden.

Die panierten Weißwurstradeln in heißem Öl ausbacken, auf Küchenpapier gut abtropfen lassen.

Die Spieße abwechselnd mit gebackenen Weißwurstradeln und süß-sauer eingelegtem Gemüse bestücken und servieren.

Gemischte Fleischspieße

1 Zucchino
1 Stange Lauch
1 rote Paprikaschote
2 weiße Krautblätter
8 Cocktailtomaten
4 Schalotten
8 Rinderfilets à 30 g
8 Kalbsfilets à 30 g
8 Schweinefilets à 30 g
Salz, Pfeffer aus der Mühle
12 Würfel vom gebratenen Wammerl à 40 g
8 Minisemmelknödel
etwas Öl zum Braten
Knoblauchzehe
1 Thymianzweig
12 Holzspieße

Zucchino halbieren und in etwa ½ Zentimeter starke Scheiben schneiden, Lauch putzen, waschen und in breite Streifen schneiden, Paprika in gleich große Vierecke und die Krautblätter in gleich große Rauten schneiden. Von den Cocktailtomaten die Stielansätze entfernen, Schalotten schälen und halbieren.

Die verschiedenen Filetstücke gut mit Salz und Pfeffer würzen. Nun auf die Hälfte der Holzspieße abwechselnd je ein Stück Zucchino, Rinderfilet, Schalotte, Cocktailtomate, Kalbsfilet, rote Paprika, Zucchino, Schweinefilet und Lauch aufstecken.

Auf die restlichen Spieße abwechselnd blanchiertes Wammerl, blanchiertes Weißkraut, Miniknödel aufstecken.

Die Fleischspieße in etwas Öl kurz anbraten, Knoblauch und Thymianzweig zugeben, etwas nachwürzen und wenden. Dann alle Spieße etwa 15 Minuten bei 165 Grad in den Backofen schieben und fertiggaren.

Fischspieße mit Scampi

300 g Lachsfilet
300 g Seeteufelfilet
6 Schalotten
24 mittelgroße Scampi, ohne Schale
1 kleines Bund Basilikum
½ Stange Lauch
1 kleines Bund Thymian
Salz, Pfeffer aus der Mühle
1 Zitrone
4 EL Olivenöl
etwas Öl zum Braten
12 Holzspieße

Das Lachsfilet in 6, das Seeteufelfilet in 12 gleich große Würfel schneiden. Schalotten schälen und halbieren. Lauch putzen, gründlich waschen und in 12 gleich große Stücke schneiden.

Nun auf 6 Spieße Scampi, Basilikum, Lauch, Basilikum, Lachs, Basilikum, Lauch, Scampi zusammenstecken und auf 6 weitere Spieße Scampi, Thymian, Seeteufel, Schalotten, Thymian, Seeteufel Scampi aufstecken.

Salz, Pfeffer, Zitronensaft und Olivenöl gut mixen und die Spieße etwa 5 Minuten marinieren lassen.

Danach in einer heißen Bratpfanne von allen Seiten gut anbraten. Anschließend etwa 10 Minuten in das auf 165 Grad vorgeheizte Backrohr geben und ohne Fond servieren.

Spieße mit Jakobsmuscheln

1 Zucchino
6 Cocktailtomaten
6 Schalotten
1 Stange Lauch
24 ausgelöste Jakobsmuscheln mit Corail
Salz, Pfeffer aus der Mühle
1 Zitrone
2 EL Olivenöl zum Braten
12 Holzspieße

Zucchino waschen, halbieren und in etwa ½ Zentimeter dicke Scheiben schneiden, Cocktailtomaten waschen und den Stielansatz entfernen. Schalotten schälen, halbieren, Lauch putzen, gründlich waschen und in Rautenstücke schneiden.

Die Jakobsmuscheln sorgfältig putzen, waschen und das weiße Fleisch vom roten Corail trennen.

Auf die Holzspieße abwechselnd Lauch, Jakobsmuscheln, Korail, Zucchinischeiben, Cocktailtomate und Schalotte aufspießen. Mit Salz und Pfeffer gut würzen und mit etwas Zitronensaft beträufeln, danach in einer Pfanne mit etwas Olivenöl von allen Seiten gut braten, eventuell nachschmekken.

Erdbeerspieße in Riesling

36 schöne kleine Gartenerdbeeren
1 Bund frische Minze
1 Zitrone
etwas Puderzucker
12 Holzspieße
½ l halbtrockener Riesling, z. B. von der Mosel

Erdbeeren kurz waschen, das Grün entfernen. Minze waschen, die Blätter abzupfen.

Jeweils 3 Erdbeeren und 3 Minzblätter abwechselnd auf die Spieße stecken.

Alle Spieße in eine tiefe Auflaufform legen, mit Zitrone beträufeln, mit etwas Puderzucker bestäuben und mit Riesling bedecken.

Alles 1–2 Stunden kühl ziehen lassen.

In Schokolade getauchte Früchte

250 g Zartbitterschokolade
15 g Kakaobutter
50 g Fondant
Zitrone
4 reife Feigen
12 kleine Erdbeeren mit Grün
1 Schale Physalis (Kap-Stachelbeeren)

Die Schokolade kleinschneiden und mit der Kakaobutter im Wasserbad bei schwacher Hitze auflösen. Fondant mit ein paar Spritzern Zitrone in einer kleinen Schüssel bei 32–36 Grad im Wasserbad flüssig machen.

Die Schokolade auf Körpertemperatur abkühlen lassen. Die Früchte putzen, Feigen waschen und vierteln, die Schutzhüllen der Physalis nach außen aufklappen.

Die Erdbeeren mit Grün zu ⅔ in den flüssigen Fondant tauchen und kurz auf einem Küchengitter absetzen. Nun die restlichen Früchte in Schokolade tauchen, zuerst die Physalis, danach die Feigenviertel und zum Schluß die Erdbeeren jeweils zur Hälfte eintauchen. Auf Pergamentpapier absetzen und bei Raumtemperatur anziehen lassen. In Pralinenkapseln setzen und auf Platten anrichten.

Alfons Schuhbeck

Die Früchte dürfen auf keinen Fall aus dem Kühlschrank kommen, da sonst die Glasur matt und grau wird.

Gefüllte Apfelstrudelsackerl

5 Boskop-Äpfel
75 g Zucker
1 Zitrone
20 g geröstete, feingeriebene Mandeln
30 g feingehackte und in Rum eingelegte Rosinen
50 g geröstete Walnüsse
200 g fertiger Strudelteig
30 g flüssige Butter
Butterschmalz zum Ausbacken
Puderzucker zum Bestäuben

Äpfel schälen, entkernen und in feine Fächer oder Würfel schneiden, mit Zucker und Zitronensaft marinieren. Mandeln, Rosinen und Walnüsse untermischen.

Aus dem ausgezogenen Strudelteig etwa 10 Zentimeter runde Scheiben ausstechen, mit Butter bestreichen, in die Mitte 1 Eßlöffel von der Apfelmischung geben. Das Teigplätzchen wie einen kleinen Sack nach oben zusammendrücken.

Die fertigen Sackerl in heißem Butterschmalz ausbacken, bis sie goldbraun sind, herausnehmen, auf Küchenpapier gut abtropfen lassen und mit Puderzucker bestäuben.

Alfons Schuhbeck

Die Sackerl können natürlich auch mit Birnen, Aprikosen, Kirschen oder anderem Obst gefüllt werden.

Pies mit Kirschen, Briesragout oder Nierenragout

Für den Teig:

350 g Mehl
175 g Butter
1 Ei
1 Eigelb
4 cl Wasser
5 g Salz

Für die Fülle:

18 schwarze Kirschen
50 g Marzipan
1 TL Kirschwasser
1 EL Puderzucker
1 EL Butter
1 EL Zucker
2 EL Rotwein
2 Champignons
1 kleine rote Zwiebel
Salz
Pfeffer aus der Mühle
etwas Öl zum Braten
250 g gekochtes und geputztes Kalbsbries
3 EL Kalbsjus
1 TL feingehackter Kerbel
2 EL flüssige Sahne
1 Kalbsniere
1 Schalotte
50 ml Kalbsjus
1 TL Dijonsenf
1 Spritzer Rotweinessig
1 TL Rotweinreduktion
1 TL feingehackter Estragon
etwas Mehl zum Ausrollen
1 Eigelb
2 EL Sahne

Aus den Teigzutaten einen glatten Teig arbeiten und etwa 1 Stunde ruhen lassen.

Die Kirschen waschen und entsteinen. Marzipan mit etwas Kirschwasser und Puderzucker verrühren und die Kirschen damit füllen. In einer Pfanne Butter und Zucker karamelisieren lassen, die Kirschen leicht glasieren und mit Rotwein ablöschen. Auskühlen lassen.

Champignons waschen, rote Zwiebel schälen und beides in kleine Würfel schneiden. In etwas Öl glasig anschwitzen und gut mit Salz und Pfeffer würzen. Das gezupfte Bries hinzugeben, gut durchschwenken. Kalbsjus beigeben, nochmals kurz durchschwenken, Kerbel beimischen und zum Schluß Sahne hinzugeben.

Die Niere in kleine Rosen oder Würfel schneiden, dabei das Nierenfett, große Sehnen und Adern entfernen. Schalotte schälen, feinwürfeln und in einer Pfanne mit etwas Öl anschwitzen, die Nierenstücke oder Würfel zufügen, mit Kalbsjus ablöschen, Senf, Rotweinessig und Rotweinreduktion hinzugeben und alles gut abschmecken. Zum Schluß Estragon untermischen und langsam auskühlen lassen.

Nun den Pastetenteig auf ungefähr 2–3 Millimeter Dicke ausrollen, kleine Pie-Formen damit auslegen und 10–20 Minuten kaltstellen.

Die verschiedenen Füllungen in die Förmchen aufteilen. Die Formen sollten gut gefüllt sein, damit das Verhältnis Teig–Fülle ausgewogen ist.

Aus dem restlichen Teig runde Taler ausstechen. Eigelb und Sahne verquirlen und die Teigplätzchen bestreichen. Die Füllungen bedecken und die Ränder gut andrücken. Mit einer Kuchennadel 2–3mal einstechen, damit beim Backen die Feuchtigkeit etwas ausdampfen kann.

Die gefüllten Formen bei 195 Grad für etwa 12–15 Minuten in den vorgeheizten Backofen geben und goldbraun ausbacken. Nach dem Backen etwas abkühlen lassen und servieren.

Gefüllte Blätterteigpastetchen

12 kleine Blätterteigpasteten,
4 cm Durchmesser
2 Schalotten
100 g Egerlinge
150 g frische Morcheln oder
40 g getrocknete Morcheln
1 EL Butter
Salz und Pfeffer aus der Mühle
150 ml Kalbsjus
1 EL trockener Sherry
50 g Sahne
2 EL geschlagene Sahne
1 EL feingehackte Petersilie

Schalotten schälen und in kleine Würfel schneiden. Egerlinge und Morcheln putzen, gut waschen, trocknen und in feine Scheiben schneiden. Getrocknete Morcheln einige Stunden vorher einweichen und sorgfältig waschen, damit alle Sandteilchen herausgespült werden.

In einer Pfanne mit etwas Butter die Schalotten und Pilze anschwitzen, gut mit Salz und Pfeffer würzen, mit etwas Kalbsjus und Sherry ablöschen, aufkochen lassen, Sahne zugeben und nochmals gut abschmecken.

Die Pastetchen auf einem Backblech im Backofen bei 70 Grad etwa 10 Minuten warmstellen.

Geschlagene Sahne unter das Pilzragout geben, kurz aufkochen lassen, in die Pastetchen füllen und mit Petersilie bestreut servieren.

Schinkenkipferl

750 g Blätterteig
2 Eigelb
80 g kleine Schinkenwürfel
2 Schalotten
1 TL Senf
50 g Béchamelsauce, gut abgeschmeckt
150 g Champignons
1 EL feingehackte Petersilie
Salz, Pfeffer aus der Mühle
30 g Butter

Den Blätterteig dünn ausrollen und etwa 10 Minuten ruhen lassen.

Die Champignons putzen und in kleine Würfel schneiden. Schalotten schälen und würfeln.

10 Gramm Butter in einer Pfanne erhitzen und die Champignonwürfel schnell darin anschwitzen. Gut mit Salz und Pfeffer würzen und kurz auf ein Sieb zum Abtropfen geben.

Die Schalottenwürfel in der restlichen Butter anschwitzen, die Schinkenwürfel dazugeben und kurz mitschwitzen. Die Champignonwürfel dazugeben und alles mit der Béchamelsauce gut vermischen, Petersilie und Senf zugeben, gut würzen und auskühlen lassen.

Den Blätterteig in Dreiecke (ungefähr 6 Zentimeter Seitenlänge) schneiden, die Spitze mit verquirltem Eigelb einpinseln, ½ Teelöffel Füllmasse daraufgeben, einrollen, zu einem Hörnchen formen und auf Backpapier legen. Mit dem restlichen Eigelb bestreichen und im Ofen bei 200 Grad schnell abbacken. Die Kipferl sollten schön goldbraun sein.

Alfons Schuhbeck

Für die Béchamelsauce 10 Gramm Butter und 20 Gramm Mehl anrösten und mit 4–5 Eßlöffeln Milch aufgießen. Sämig kochen lassen.

Käsegebäck

500 g Blätterteig
2 Eigelb
2 EL flüssige Sahne
200 g geriebener Emmentaler
2 EL Kümmel
2 EL Paprika
etwas Backpapier

Blätterteig auf 2–3 Millimeter ausrollen und etwa 30 Minuten kaltstellen.

Eigelb und Sahne gut verschlagen, den Blätterteig damit gut einstreichen und in längliche, ungefähr 1 Zentimeter breite Streifen oder Rechtecke schneiden oder rund ausstechen.

Die Teigstücke mit Emmentaler bestreuen, danach einen Teil zusätzlich mit Kümmel, einen Teil mit Paprika bestreuen und den Rest natur belassen.

Auf Backpapier auf einem Blech im vorgeheizten Backofen bei 200 Grad etwa 12 Minuten goldbraun backen.

Würzige Pfefferkäsehörnchen

400 g Blätterteig
2 Eigelb
gemahlener Kümmel, Rosenpaprika
250 g Pfefferkäse (Biarom)

Blätterteig gleichmäßig ungefähr 2–3 Millimeter hoch ausrollen und etwa 10 Minuten ruhen lassen. Dreiecke ausschneiden und mit verquirltem Eigelb bestreichen.

Mit etwas gemahlenem Kümmel und Rosenpaprika bestreuen, den kleingewürfelten Biarom-Pfefferkäse auflegen und das Ganze zu einem Hörnchen zusammenrollen.

Kurz kaltstellen und vor dem Backen nochmals mit dem restlichen Eigelb bestreichen.

Bei 175–180 Grad im Backofen etwa 15 Minuten goldbraun backen und warm servieren.

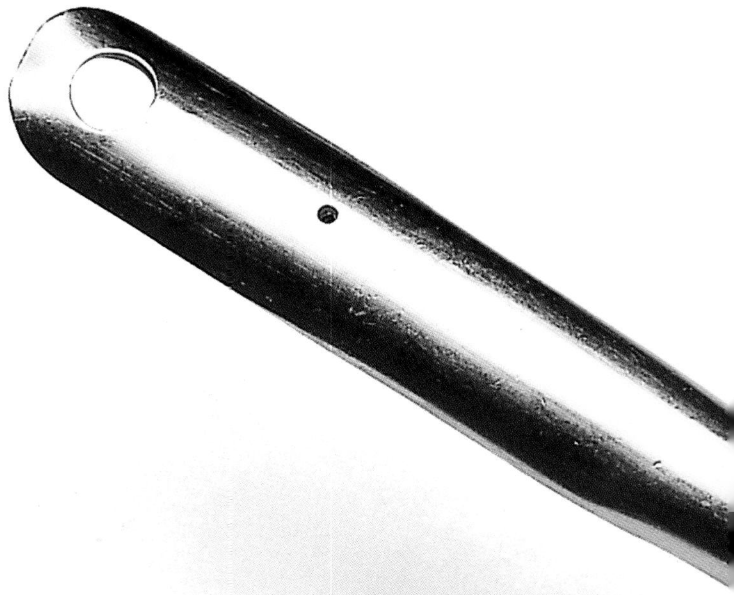

Kalbsrouladen

12 kleine Kalbsschnitzel à 50 g
Salz, Pfeffer aus der Mühle
1 EL Senf
12 halbe, kleine Speckstreifen
1 Karotte
2 kleine Essig- oder Gewürzgurken
etwas Öl
1 Thymianzweig
150 ml Kalbsfond
12 Cocktailtomaten
12 extra kleine Karotten mit Grün im Bund
30 g Butter
etwas Zucker
12 hölzerne Cocktailspieße

Die Kalbsschnitzel am besten schon beim Metzger leicht plattieren lassen. Alle auf einem Brett ausbreiten, mit Salz und Pfeffer gut würzen, mit Senf bestreichen und mit halben Speckstreifen belegen.

Karotte schälen und wie die Essiggurken der Länge nach in Scheiben schneiden. Je eine Scheibe auf die Kalbsschnitzel legen, einrollen und mit einer Bratnadel oder mit dem Holzspieß die Enden befestigen.

Das Öl in eine Bratreine geben, die Kalbsrouladen darin kurz anbraten, den Thymianzweig beigeben und mit dem Kalbsfond ablöschen. Im vorgeheizten Backofen bei 165 Grad 15 Minuten garen.

Von den Cocktailtomaten die Stielansätze entfernen, die kleinen Karotten fein schälen oder schaben, das Grün bis auf ungefähr 2 Zentimeter abschneiden. In einen kleinen Topf die Butter geben, die Karotten darin andünsten, mit etwas Brühe, Zucker, Salz und Pfeffer gut abschmecken. Danach die Karotten und Cocktailtomaten abwechselnd auf Spieße stecken.

Die Kalbsrouladen herausnehmen, den Kalbsfond auf ¼ einkochen lassen und eventuell nachwürzen. Die Kalbsrouladen damit glasieren und die Bratspieße entfernen. Auf Garniturspieße stecken und servieren.

Kaninchenroulade auf Pumpernickel

1 Kaninchenrücken mit Knochen (ca. 660 g)
200 g mageres und sehnenfreies Kalbfleisch in Würfeln
Salz, Pfeffer aus der Mühle
Muskat
150 g Sahne
2 Mangoldblätter
2 Karotten
12 Scheiben Pumpernickel
1 EL Butter

Den Rücken am besten gleich beim Geflügelhändler entbeinen und die Fleischstränge auslösen lassen. Die Bauchlappen zwischen zwei Bögen Klarsichtfolie legen und mit der glatten Seite des Fleischklopfers flachklopfen.

Die gut gekühlten Kalbfleischwürfel in einem Zerhacker fein pürieren, mit Salz, Pfeffer und Muskat würzen und die eiskalte Sahne dazugießen. Noch einmal kurz aufmixen und die Farce zugedeckt in den Kühlschrank stellen.

Die Mangoldblätter waschen, trockentupfen und die dicke Mittelrippe etwas flachschneiden. Die Karotten schälen und der Länge nach, am besten auf der Brotschneidemaschine, in dünne Streifen schneiden. Mangold und Möhrenstreifen separat in kochendem Salzwasser ganz kurz blanchieren. Anschließend in Eiswasser abschrecken und auf einem Tuch abtrocknen lassen.

Die zwei Bauchlappen auf gut gefettete Alufolie legen und jeweils mit etwas Farce bestreichen. Die Möhrenstreifen leicht überlappend darauflegen, erneut mit Farce bestreichen, mit einem Mangoldblatt bedecken und den gewürzten Kaninchenrükkenstrang darauflegen. Von der Breitseite her aufrollen und fest in Alufolie verpacken. Die Enden gut festdrehen und in leicht siedendem Wasser in etwa 20–25 Minuten pochieren. In eisgekühltem Wasser abschrecken und 2–3 Stunden kaltstellen.

Die Pumpernickelscheiben mit einem runden Ausstecher auf die Größe der Rolle ausstechen. Mit etwas Butter bestreichen. Die gut ausgekühlte Roulade auspacken und in 1 Zentimeter starke Scheiben aufschneiden. Die Pumpernickelscheiben damit belegen und servieren.

Alfons Schuhbeck

Anstelle von Kalbfleisch beim Metzger fertiges Kalbsbrät kaufen und 1 Eßlöffel Sahne unterrühren.

Überbackene Lammkoteletts

12 küchenfertige Lammkoteletts
Salz, Pfeffer aus der Mühle
3 EL Olivenöl
40 g Butter
1 kleiner Rosmarinzweig
etwas Zitronensaft
2–3 EL frisch geriebenes Weißbrot
1 Knoblauchzehe
etwas Öl zum Braten

Die Lammkoteletts gut mit Salz und Pfeffer würzen und mit etwas Olivenöl marinieren.

Butter schaumig schlagen, Rosmarinnadeln abzupfen und feinhacken.

Mit Salz, Pfeffer und Zitronensaft würzen; Rosmarin beigeben, die Semmelbrösel und den feingehackten Knoblauch untermischen.

In einer heißen Pfanne die Lammkoteletts von beiden Seiten schnell anbraten, danach auf Gitter setzen. Mit der Rosmarin-Butter-Mischung bestreichen, unter starker Grilloberhitze überbacken und auf einer vorgewärmten Platte servieren.

Alfons Schuhbeck

In vielen Köpfen geistert immer noch die Furcht, einen zähen, alten Hammel zu erwischen. Dieses Vorurteil stammt aus der Zeit als man die Tiere zu alt schlachtete. Dabei ist Lammfleisch ein sehr aromatisches und gesundes Fleisch. Lammfleisch ist am besten mindestens 100 Tage, maximal 5 Monate alt, da der Schmelzpunkt des Fettes während dieses Zeitraums am niedrigsten ist, was sich in besonderer Zartheit ausdrückt und den Braten auch kalt genießen läßt.

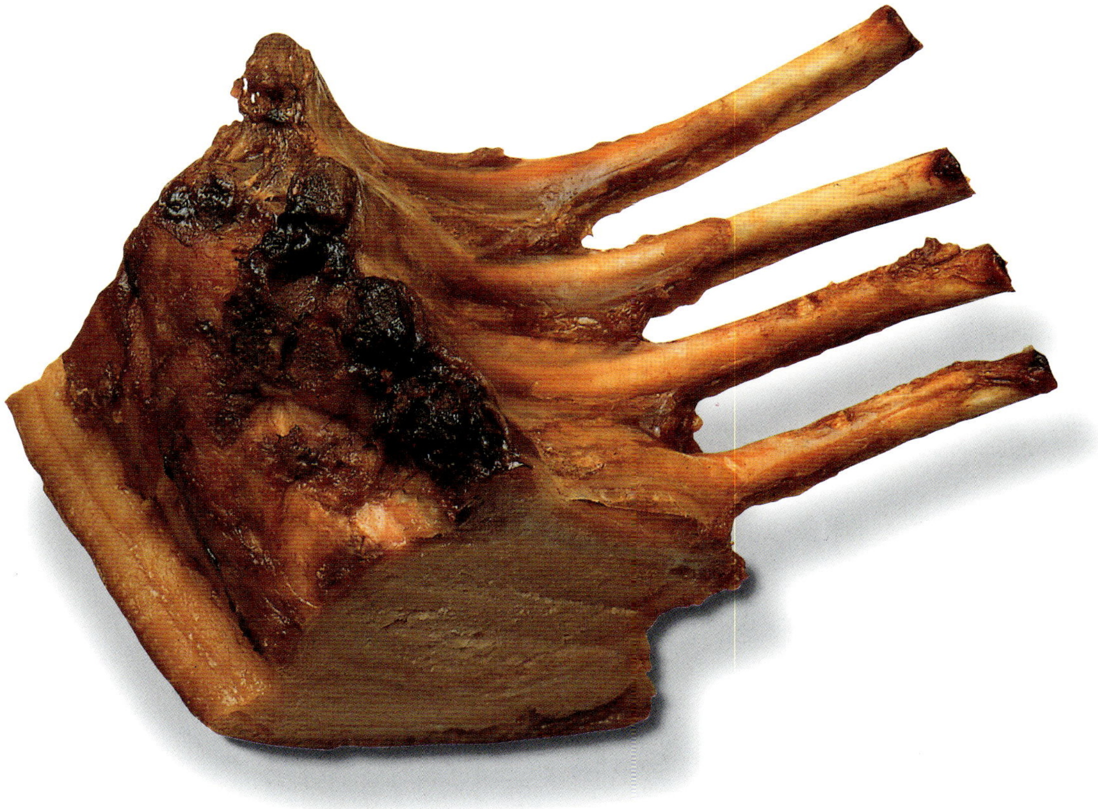

Spanferkelkoteletts mit Käse-Kräuter-Kruste

2 gepökelte Spanferkelkarrees, mit je 6 Rippenknochen
½ TL Kümmel
1 kleines Bund glatte Petersilie
50 g Butter
50 g Bavariablu-Käse
½ Knoblauchzehe
1 TL geriebener Hartkäse
1 TL gehackter Rosmarin
60 g frisch geriebenes Weißbrot
Salz, Pfeffer aus der Mühle
12 kleine Papiermanschetten

Die Spanferkelkarrees in eine Reine geben, etwas Wasser hinzugeben und im Backofen bei 165 Grad etwa 1¼ Stunde braten.

Kümmel und Petersilie feinhacken und mischen. Butter schaumig schlagen. Bavariablu feinzerdrückt hinzufügen, den feingehackten Knoblauch, Hartkäse, Rosmarin und die Weißbrotbrösel hinzugeben. Alles gut mischen und mit Salz und Pfeffer würzen.

Die fertig gegarten Spanferkelkarrees herausnehmen, an den einzelnen Rippen aufschneiden. Eine Schnittfläche mit der Bavariablu-Gratiniermasse dünn bestreichen und unter starker Oberhitze überbacken.

Die Papiermanschetten über die Kotelettknochen geben und servieren.

Rehkoteletts mit Kastanien

12 küchenfertige Rehkoteletts ohne Haut und Sehnen
Salz, Pfeffer aus der Mühle
1 Wacholderbeere
½ Lorbeerblatt
Öl zum Braten
1 EL Zucker
12 geschälte, gekochte Edelkastanien
50 ml Brühe
50 ml Wildjus
12 kleine Papiermanschetten

Die Rehkoteletts mit Salz und Pfeffer würzen. Lorbeerblatt und angedrückte Wacholderbeere in etwas Öl geben und kurz ziehen lassen.

In eine kleine Pfanne etwas Öl geben, kurz erhitzen. Zucker und Kastanien in die Pfanne geben, leicht glasieren, mit etwas Brühe ablöschen und die Flüssigkeit auf kleiner Hitze langsam einkochen.

Die Rehkoteletts in einer Pfanne von beiden Seiten gut und schnell anbraten, danach auf ein Gitter setzen und für 5–8 Minuten bei 165 Grad in den Backofen geben. Unterdessen in die Bratpfanne die Wildjus geben und gut aufkochen lassen.

Die Rehkoteletts aus dem Ofen nehmen, die Papiermanschetten auf die Knochen aufsetzen. Die Koteletts mit eingekochtem Wildjus glasieren und mit einer Kastanie belegt servieren.

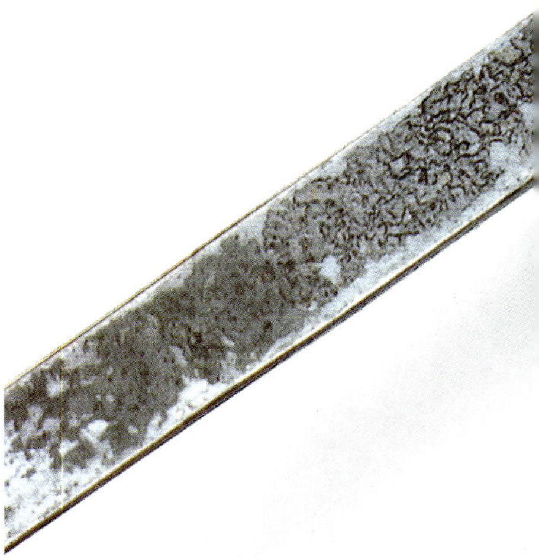

Mit Pfifferlingen gefüllte Kalbsschnitzel

12 kleine Kalbsschnitzel à 50 g
250 g Pfifferlinge
1 EL Butter
Salz, Pfeffer aus der Mühle
50 g flüssige Sahne
1 EL feingehackte Petersilie
2 EL Mehl
3 Eier
100 g Semmelbrösel
Butterschmalz oder Öl zum Ausbacken

Die Kalbsschnitzel zwischen Klarsichtfolie flachklopfen.

Pfifferlinge putzen und in kleine Würfel oder Streifen schneiden.

Die Butter in einer Pfanne erhitzen, die Pfifferlinge darin schnell anschwitzen, mit Salz und Pfeffer gut abschmecken, Sahne zugeben, kurz durchschwenken, Petersilie hinzugeben und kurz kaltstellen.

Die Kalbsschnitzel gut würzen, mit der Pilzmasse füllen und über die Hälfte einschlagen, gut andrücken, mit Holzspießen zustecken und in Mehl wenden.

Die Eier verquirlen und die Kalbsschnitzel darin wenden. Anschließend in den Semmelbröseln wenden und die Panade gut festdrücken.

Die Schnitzel in einer Pfanne mit heißem Butterschmalz oder Öl backen und auf Küchenpapier geben, eventuell nachwürzen und noch warm servieren.

Alfons Schuhbeck

Das Kalbsschnitzel durch Putenschnitzel ersetzen.

Gebackene Stubenkükenhaxerln

12 Stubenkükenkeulen
Salz, Pfeffer aus der Mühle, etwas Paprika
2–3 Mehl
2 Eier
1 Zitrone
150 g Semmelbrösel
Öl oder Butterschmalz zum Ausbacken
24 Papiermanschetten

Die Stubenkükenkeulen halbieren, enthäuten und das Fleisch am Knochen zu einer Seite zuputzen, daß der Knochen mindestens zur Hälfte sauber freiliegt.

Die Keulen mit Salz und Pfeffer würzen, in Mehl wenden, anschließend in mit Zitrone verquirltem Ei wenden und in Semmelbröseln gut panieren.

In heißem Butterschmalz schwimmend ausbacken, auf Küchenpapier setzen, eventuell leicht nachwürzen, die Papiermanschetten über den freien Knochen geben und warm servieren.

Alfons Schuhbeck

Die Stubenkükenhaxerln können statt mit Semmelbröseln auch mit geriebenen Haselnüssen, Mandeln oder mit Sesam paniert werden.

Der letzte Pfiff

Saucen
und
Dips

Remouladensauce

1 Sardellenfilet
6 Kapern
1 kleine weiße Zwiebel
1 Essiggurke und Essiggurkenwasser
250 g Mayonnaise
2–3 EL feingehackte, gemischte Kräuter (Kerbel, Petersilie, Estragon)
etwas Senf
Salz, Pfeffer aus der Mühle

Sardellenfilet, Kapern, Zwiebel und Essiggurke in kleine Würfel schneiden oder hacken, in eine Schüssel geben und zusammen mit der Mayonnaise gut durchrühren, Kräuter und etwas Senf beigeben, gut mit Salz, Pfeffer und etwas Essiggurkenwasser abschmecken.

Schnittlauchsauce

250 g Sauerrahm
50 g flüssige Sahne
Salz, Pfeffer aus der Mühle
etwas Zitronensaft
1 Bund Schnittlauch

Sauerrahm mit der Sahne verrühren, mit Salz, Pfeffer und Zitronensaft abschmecken und zum Schluß den geschnittenen Schnittlauch unterrühren.

Tomatenvinaigrette

6 mittelgroße Tomaten
9 EL Olivenöl
3 EL Rotweinessig
3 EL Balsamessig
Salz, Pfeffer aus der Mühle
2 Schalotten
2 EL geschnittener Schnittlauch

Tomaten blanchieren, häuten, halbieren, entkernen und in kleine Würfel schneiden.

Das Öl mit Rotweinessig und Balsamessig gut verrühren und mit Salz und Pfeffer fein abschmekken.

Die Schalotten schälen, würfeln, zusammen mit den Tomatenwürfeln unter die Vinaigrette mischen und zum Schluß den Schnittlauch zugeben.

Mayonnaise mit Kräutern und Knoblauch

300 g Mayonnaise
50 g Schmand
50 g flüssige Sahne
1 EL feingeschnittener Schnittlauch
1 EL feingehackte Petersilie
1 EL feingehackter Kerbel
1 EL feingehackte Kresse
1 TL feingehacktes Basilikum
Salz, Pfeffer aus der Mühle
2 Knoblauchzehen

Mayonnaise, Schmand und flüssige Sahne gut mischen.

Die Kräuter unterheben, alles gut mit Salz und Pfeffer abschmecken.

Den Knoblauch schälen, fein hacken oder mit dem Messerrücken zerdrücken und unterrühren. Eventuell nachschmecken.

Currysauce

50 ml Gemüsebrühe
1 EL guter indischer Curry
3 EL trockener Weißwein
300 g Mayonnaise
200 g Joghurt
1 Apfel
Salz, Pfeffer aus der Mühle
Cayennepfeffer, gemahlener Koriander

Gemüsebrühe aufkochen lassen, Curry und Weißwein beigeben, kaltstellen. Mayonnaise und Joghurt gut glattrühren und die Gemüse-Curry-Brühe unterrühren.

Den Apfel schälen, entkernen, würfeln und unter die Masse geben. Die Sauce gut mit Salz, Pfeffer, Cayenne und Koriander aus der Mühle abschmecken.

Cocktailsauce

300 g Mayonnaise
30 g flüssige Sahne
5 EL Tomatenketchup
1 TL Meerrettich aus dem Glas
Salz, Pfeffer aus der Mühle
ein paar Spritzer Chilisauce
etwas Worcestersauce
3 cl Cognac
Saft von ½ Orange

Alle Zutaten gut glattrühren, mit Salz, Pfeffer, Chilisauce, Worcestersauce, Cognac und frischem Orangensaft abschmecken.

Senfsauce

150 g Joghurt
150 g Sahne
1 EL Dijonsenf
1 TL mittelscharfer Senf
1 EL Zitronensaft
etwas Puderzucker
Salz, Pfeffer aus der Mühle
1 EL feingehackter Dill
1 EL geschlagene Sahne

Joghurt und Sahne glattrühren, Senf, Zitronensaft, Puderzucker zugeben und alles gut mit Salz und Pfeffer abschmecken.

Den feingehackten Dill untermischen sowie am Schluß die geschlagene Sahne unterheben.

Thunfischsauce

100 g Thunfisch in Sud oder Öl
5 Kapern
350 ml Kalbsfond hell
100 g Sahne
Salz, Pfeffer aus der Mühle
1 EL feingehackte Petersilie

Thunfisch, Kapern, Kalbsfond und Sahne im Mixer gut aufmixen und mit Salz und Pfeffer abschmekken. Zum Schluß die Petersilie untermischen.

Zum Dippen sollte die Sauce etwas dicker sein, zum Marinieren etwas mehr Kalbsfond hinzugeben.

Verzeichnis der Rezepte

Die Kochbuchreihe
auf einen Blick

Es ist eine wahre Lust, mit den Fingern zu essen, und immer mehr Menschen kommen auf den Geschmack von Fingerfood. Alfons Schuhbeck macht sich für diesen Trend stark und demonstriert überzeugend, daß es nicht gegen die guten Sitten verstößt, auf Messer und Gabel zu verzichten – purer Genuß von der Hand in den Mund.

Die neue Einfachheit ist sinnlich und wird fotogafisch meisterlich in Szene gesetzt von Francis Ray Hoff.

ISBN 3-89836-270-1

Fisch kann auf die vielfältigsten Arten zubereitet werden: Ob als Suppe, als Pie, Terrine, Pastete oder Ragout, ob gedünstet, mariniert, gebraten oder geräuchert – für jeden Geschmack ist etwas dabei.

Francis Ray Hoff gibt mit seinen Rezepten Anregungen, auch seltene Fischarten wie Schleie oder Rutte zuzubereiten. Er kreiert alle Gerichte selbst oder empfindet sie Klassikern nach. Dabei fotografiert er alles direkt von der Herdplatte weg.

ISBN 3-89836-273-6

Essen bedeutet im Fernen Osten buchstäblich Fast Food, die schnelle Zwischenmahlzeit, die aus kleinen Häppchen besteht.

Diese Dim Sum werden in meisterlicher Weise in den Garküchen zubereitet. Sie sind das Werk von flinken geschickten Fingern, Symbol von Unternehmergeist und Mobilität.

Diese üppig bebilderte Sammlung von Originalrezepten aus den Garküchen im Fernen Osten öffnet neue kulinarische Horizonte für den eigenen Herd.

ISBN 3-89836-271-X

Pasta, Pasta, Pasta – das ultimative Buch für Nudelliebhaber mit einer originellen Auswahl an Rezepten aus den verschiedenen Regionen Italiens, von der „pasta ciucca" bis zu den feinsten Ravioli und den köstlichsten Tortellini.

Historische Fotos garantieren einen stimmungsvollen und authentischen Einblick in die Kulturgeschichte der Pasta, und die Aquarelle von Christoph M. Mann machen dieses Buch zu einem wahren Augenschmaus.

ISBN 3-89836-275-2

In diesem opulenten Bildband verrät der Padrone der legendären „Osteria Le Logge" in Siena, Gianni Brunelli, seine besten Rezepte der toskanischen Küche. Die kulinarischen Aquarelle von Christoph M. Mann wecken die Lust, die Gerichte nachzukochen, denen die toskanische Küche ihren Ruhm verdankt. Werfen Sie mit uns einen Blick hinter die Kulissen des großen Küchenmeisters Gianni Brunelli!

ISBN 3-89836-277-9

„Nur wer gerne gut ißt, kann auch gut kochen." Davon ist der international gefeierte Spitzenkoch Otto Koch überzeugt.

Zum ersten Mal gibt er in diesem Buch einen umfassenden Einblick in die Geheimnisse seiner verfeinerten bayerischen Küche. Er zeigt, zu welchem Gaumenschmaus regionale Kost werden kann, und wird nicht müde, aus traditionellen Gerichten und Zutaten immer wieder Neues zu schaffen.

ISBN 3-89836-297-3

„Salons für die, die keinen haben" pflegt man die urigen Osterie Romane zu nennen. In diesen traditionellen Wirtshäusern haben römische Küche und Gastlichkeit überlebt. Manuela Zardo und Hellmuth Zwecker stöberten die schönsten und originellsten Osterie auf. Gewürzt mit köstlichen Anekdoten zeichnen sie zahlreiche Rezepte römischer Kochkunst zum Nachkochen auf. Stimmungsvolle Fotos runden den kulinarischen Spaziergang durch die Weltstadt Rom ab.

ISBN 3-89836-281-7

Schon im antiken Rom wurden Höchstpreise für sizilianische Köche geboten, und noch heute gehört die traditionsreiche Küche der Sonneninsel zu den unverwechselbaren Höhepunkten kulinarischer Erlebnisreisen.

In diesem opulenten Bildband laden 16 bodenständige Trattorie und Ristoranti zu Spezialitäten und typischen Regionalgerichten ein, und natürlich darf auch ein Rundgang durch die Weingüter nicht fehlen, die den berühmten Marsala hervorbringen.

ISBN 3-89836-298-1